Dedicatória

I0410265

Para todos aqueles que buscam se aprofundar no mundo em constante evolução das midias sociais, este livro é dedicado a vocês. Que cada página seja uma fonte de inspiração e conhecimento, capacitando-os a se destacar no cenário digital. Que a expertise em social media aqui compartilhada ilumine o caminho do sucesso em suas jornadas online.

Vejam, estou fazendo uma coisa nova!
Ela já está surgindo! Vocês não a reconhecem?
Até no deserto vou abrir um caminho
e riachos no ermo.
Isaias 43:19

KARLA COSTA

QUEM SOU EU?

Olá, meu nome é Karla Costa, sou uma pessoa apaixonada pelo mundo digital. Tenho 36 anos de idade, e já trilhei um caminho repleto de experiências e conquistas que moldaram quem eu sou hoje.

Sou Formada em Gestão Comercial e possuo 3 pós-graduações na área digital:

- Marketing Digital
- Gestão em mídias sociais
- Gestão e planejamento de e-commerce.

Desde muito nova, sempre fui curiosa pela tecnologia. Isso me levou a explorar diferentes áreas da vida, desde técnicas de vendas, para aprender como pensa o consumidor, até mesmo como atriz, o que me ajudou na persuasão. Cada uma dessas experiências por mais distintas, me ensinaram lições valiosas que me ajudaram a crescer e se tornar a profissional que sou.

Desde 2015 comecei a trabalhar como social media, apenas como um hobby, mas somente em 2017 que realmente decolei. Sai do meu emprego onde era CLT e comecei a empreender e a faturar muito.

Hoje possuo uma equipe que me auxilia no gerenciamento das redes sociais dos nossos clientes.

Este e-book foi meticulosamente elaborado, descrevendo em detalhes cada passo e processo que me levou a alcançar a liberdade financeira e qualidade de vida que desfruto atualmente.

Estou compartilhando com você todos os ensinamentos que adquiri ao longo dos anos, os quais o ajudarão a obter sucesso como um social media.

ÍNDICE

INTRODUÇÃO

Bem-vindo ao excitante mundo do Social Media!

No ambiente digital em constante evolução, as redes sociais desempenham um papel fundamental na forma como as pessoas se conectam, comunicam e consomem informações. Para empresas e empreendedores, dominar as estratégias e ferramentas necessárias para se destacar nesse cenário é essencial para o sucesso.

Este e-book foi cuidadosamente elaborado para servir como seu guia abrangente e prático para mergulhar de cabeça no universo das mídias sociais. Ao longo das próximas páginas, você será apresentado a conceitos fundamentais, estratégias comprovadas e dicas práticas que o ajudarão a se tornar um profissional de Social Media altamente competente e estratégico.

Se você está ansioso para entender como criar uma presença on-line impactante para sua marca, aprender a cativar seu público-alvo e transformar seguidores em clientes, está no lugar certo. Vamos explorar desde o básico até técnicas avançadas, garantindo que você esteja preparado para enfrentar os desafios e oportunidades do marketing digital.

Este e-book é uma ferramenta valiosa para iniciantes que desejam adquirir conhecimento essencial sobre Social Media, assim como para profissionais experientes que buscam aprimorar suas habilidades e se manterem atualizados com as últimas tendências do setor. Não importa em qual estágio da jornada você se encontra, estamos aqui para fornecer insights valiosos e orientações práticas.

Então, prepare-se para explorar o emocionante universo das mídias sociais. Vamos começar nossa jornada para transformá-lo em um mestre de Social Media e garantir que você se destaque no cenário digital. Vamos lá!

O QUE FAZ UM SOCIAL MEDIA?

"SOCIAL MEDIA É O CARGO DE TODO PROFISSIONAL QUE FICA RESPONSÁVEL PELA GESTÃO DOS PERFIS DE REDES SOCIAIS, LIDANDO COM A ATUALIZAÇÃO E GERAÇÃO DE CONTEÚDO PARA ATRAIR SEGUIDORES EM PÁGINAS DE EMPRESAS, MARCAS OU PERSONALIDADES. AGENDAMENTOS DE POSTS E RELACIONAMENTO COM O PÚBLICO SÃO ALGUMAS DAS SUAS VÁRIAS ATRIBUIÇÕES."

(Resultados digitais)

Um Social Media, ou profissional de midias sociais, desempenha um papel essencial no mundo do marketing digital e da comunicação online. Esses especialistas são responsáveis por gerenciar a presença de uma empresa, marca ou individuo nas redes sociais, com o objetivo de construir uma sólida reputação online, engajar a audiência e impulsionar os resultados de negócios. as interações com o público, respondendo a comentários, mensagens e avaliações. Eles também acompanham métricas de desempenho para avaliar o sucesso das campanhas e ajustar estratégias conforme necessário.

Aqui estão as principais responsabilidades de um Social Media:

- Desenvolver Estratégias de Conteúdo: O Social Media cria estratégias de conteúdo que são adaptadas às metas e ao público-alvo de seu cliente. Isso inclui a criação de calendários de postagem, desenvolvimento de conteúdo relevante e atraente, e planejamento de campanhas.

- Gestão de Redes Sociais: Eles administram e mantêm as contas da empresa nas diversas plataformas de mídias sociais, como Facebook, Instagram, Twitter, LinkedIn, YouTube, entre outras. Isso inclui a criação de posts, agendamento de publicações e monitoramento de atividades.

- Monitoramento e Engajamento: Social Media profissionais monitoram constantemente as interações com o público, respondendo a comentários, mensagens e avaliações. Eles também acompanham métricas de desempenho para avaliar o sucesso das campanhas e ajustar estratégias conforme necessário.

- Análise de Dados: Usando ferramentas de análise, eles interpretam dados e métricas para avaliar o desempenho das campanhas. Isso ajuda a tomar decisões informadas e otimizar as estratégias para obter melhores resultados.

- Gerenciamento de Crises: Em caso de situações adversas, como comentários negativos ou crises de reputação, o Social Media desempenha um papel fundamental na gestão e resolução desses problemas, protegendo a imagem da marca.

- Ficar Atualizado: Este profissional deve estar sempre atualizado com as últimas tendências em mídias sociais, novas funcionalidades das plataformas e mudanças nos algoritmos. Isso é crucial para manter a eficácia das estratégias.

- Colaboração com Equipes Criativas: Eles muitas vezes colaboram com designers gráficos, redatores e outros profissionais para criar conteúdo visualmente atraente e envolvente.

- Gerenciamento de Anúncios: Social Media também pode estar envolvido na criação e gerenciamento de campanhas de publicidade paga nas redes sociais, otimizando os gastos e o alcance do público-alvo.

- Desenvolvimento de Comunidade: Eles trabalham para construir e manter uma comunidade leal em torno da marca, envolvendo-se ativamente com os seguidores e incentivando a participação.

- Educação e Treinamento: Em algumas organizações, Social Media profissionais também podem ser responsáveis por educar colegas e equipes sobre melhores práticas em mídias sociais.

Em resumo, um Social Media desempenha um papel multifacetado e estratégico no ambiente digital, contribuindo para o sucesso de uma empresa na construção de relacionamentos com o público, aumento da visibilidade da marca e impulsionamento dos resultados de negócios.

Quanto ganha um Social Media?

O salário de um profissional de Social Media pode variar significativamente, dependendo de diversos fatores, como localização geográfica, experiência, setor de atuação, tamanho da empresa e habilidades específicas.

Segundo dados do glassdoor um social média CLT pode ganhar em torno de 3 mil reais, mas se você pretende ser um freelance ou até mesmo um empresário com CNPJ, esses valores podem quadriplicar.

Salários do cargo de Social Media – Brasil
Atualizado em 12 de set. de 2023

Confiança muito alta

Faixa de remuneração total
R$ 3 mil - R$ 7 mil /mês
Média salarial

<u>fonte: Glassdoor</u>

Eu quando decidi ser social media em 2017, na época trabalhava CLT, larguei meu emprego abri uma página no facebook e instagram e comecei a divulgar meu trabalho, em 1 mês fechei 2 contratos, com 60 dias já tinha 5 clientes e ganhava 2 mil reais, hoje administro 25 contas e com pequena equipe me ajudando para entregar toda a qualidade que meus clientes merecem e ganhando mais de 10k por mês e o melhor, fazendo meu horário.

A estimativa de um Social media freelance, é iniciar já ganhando 2 mil reais (quando falo iniciando é hoje, o agora), em pelo menos 3 meses com toda certeza estará fazendo seus 4k ao mês.

Conhecendo as redes sociais

Em um mundo cada vez mais interconectado, as redes sociais desempenham um papel central em nossas vidas. Elas se tornaram a plataforma principal para comunicação, interação social e até mesmo para negócios.

As redes sociais não são apenas espaços de entretenimento, mas também ferramentas poderosas para empreendedores, profissionais de marketing, influenciadores e qualquer pessoa que deseje se conectar com seu público-alvo. Compreender como cada plataforma opera, quem está nelas e como criar conteúdo relevante é essencial para aproveitar todas as oportunidades que elas oferecem.

Facebook

Facebook é uma rede social criada por Mark Zuckerberg que começou em 2003 e que deu origem à empresa Meta.
O Facebook é a maior rede social de todo o mundo, contando com 2 bilhões de usuários ativos em todo mundo.
Nele, é possível criar um perfil pessoal ou uma Fan Page.

O Facebook oferece uma variedade de benefícios para empresas que desejam expandir sua presença on-line, alcançar um público mais amplo e se envolver com seus clientes.

O Facebook ainda concentra o maior numero de usuários no mundo, porém, não são todas as faixas etárias que a usam.
Segundo a Forbes, o Facebook é a rede social mais usada entre os Baby Boomers e a Geração Z (idosos e adultos com mais de 40 anos), para se fazer uma boa estratégia de conteúdo é fundamental ter esse entendimento de onde está seu público.

Instagram

O Instagram é uma rede social online de compartilhamento de fotos e vídeos entre seus usuários, que permite aplicar filtros digitais e compartilhá-los em uma variedade de serviços de redes sociais, como Facebook, Twitter, Tumblr e Flickr.

O Instagram foi lançado em 2010 por Kevin Systrom e Mike Krieger, e foi adquirido pelo Facebook em 2012. A rede social rapidamente se tornou uma das mais populares do mundo, com mais de 2 bilhões de usuários ativos em 2023.

O Instagram é uma plataforma visual, o que significa que as fotos e vídeos são o foco principal da rede social. Os usuários podem compartilhar fotos e vídeos de sua vida pessoal, hobbies, interesses ou negócios.

O Instagram oferece uma variedade de recursos para que os usuários possam compartilhar e interagir com seu conteúdo. Esses recursos incluem:

- **Feed:** O feed é a página principal do Instagram, onde os usuários podem ver as fotos e vídeos das pessoas que seguem.
- **Stories:** Os Stories são fotos e vídeos que duram 24 horas. Eles são uma maneira de os usuários compartilharem momentos mais espontâneos de sua vida.
- **Reels:** Os Reels são vídeos curtos, de até 60 segundos, que podem ser editados com música, efeitos e filtros.
- **IGTV:** O IGTV é um serviço de streaming de vídeo que permite aos usuários compartilhar vídeos mais longos, de até uma hora.
- **Live:** Os Live são transmissões ao vivo que os usuários podem fazer para se conectar com seus seguidores em tempo real.

O Instagram é uma ferramenta poderosa que pode ser usada para uma variedade de propósitos para as empresas.

O Instagram é a rede social preferida pela geração y e z. (adolescentes e jovens adultos)

Threads

O Threads é um aplicativo de rede social desenvolvido pelo Instagram, lançado em 5 de julho de 2023. O aplicativo é semelhante ao Twitter na forma como o feed é apresentado, mas usa o design do Instagram para contas de usuário.

O Threads permite que os usuários compartilhem fotos, vídeos e textos com seus amigos próximos. As postagens são organizadas em um feed cronológico, e os usuários podem responder a postagens de outras pessoas com curtidas, comentários e respostas.

O Threads também inclui recursos como:
- Status: Os usuários podem compartilhar um status de texto com seus amigos próximos.
- Fotos e vídeos: Os usuários podem compartilhar fotos e vídeos com seus amigos próximos.
- Stories: Os usuários podem compartilhar Stories com seus amigos próximos.
- Reels: Os usuários podem compartilhar Reels com seus amigos próximos.
- Live: Os usuários podem fazer Lives com seus amigos próximos.

O Threads é uma boa opção para os empresas que estão no Instagram que desejam se conectar com seus clientes de uma forma mais pessoal e informal. O aplicativo é simples e fácil de usar, é a preferência entre as gerações y e z.

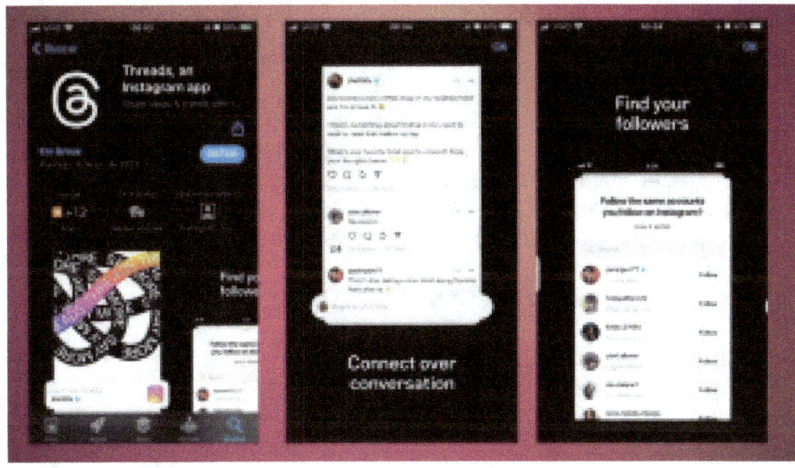

TikTok

TikTok é uma rede social de compartilhamento de videos curtos, com sede na China. O aplicativo foi lançado em 2016, e rapidamente se tornou uma das plataformas de midia social mais populares do mundo.

O TikTok permite que os usuários criem e compartilhem videos de até 10 minutos. Os videos podem ser gravados diretamente no aplicativo, ou podem ser importados da galeria do usuário ou por parceiros como o capcut.

Os usuários podem editar seus videos com uma variedade de recursos, incluindo filtros, efeitos e músicas. Os videos podem ser compartilhados com seguidores, ou podem ser publicados no TikTok para que sejam vistos por qualquer pessoa.

O TikTok é uma plataforma popular para uma variedade de conteúdos, incluindo dança, música, humor e entretenimento. O aplicativo também é usado para fins educacionais e de negócios.

Os principais recursos do TikTok incluem:

- Videos curtos: O TikTok permite que os usuários criem e compartilhem videos de até 10 minutos.
- Edição de video: Os usuários podem editar seus videos com uma variedade de recursos, incluindo filtros, efeitos e músicas.
- Compartilhamento: Os videos podem ser compartilhados com seguidores, ou podem ser publicados no TikTok para que sejam vistos por qualquer pessoa.
- Efeitos especiais: O TikTok oferece uma variedade de efeitos especiais que podem ser usados para editar videos.
- Música: Os usuários podem adicionar música aos seus videos.
- Filtros: O TikTok oferece uma variedade de filtros que podem ser usados para editar videos.
- Live streaming: Os usuários podem fazer transmissões ao vivo no TikTok.
- Reels: Os Reels são videos curtos, de até 60 segundos, que podem ser editados com música, efeitos e filtros.
- Hashtags: As hashtags podem ser usadas para encontrar conteúdo sobre tópicos específicos.
- Seguidores: Os usuários podem seguir outros usuários para ver seus videos.
- Curtidas: Os usuários podem curtir os videos de outros usuários.
- Comentários: Os usuários podem comentar nos videos de outros usuários.

O tiktok é a preferencia entre a geração Y e Z.

LinkedIn

O LinkedIn é uma rede social profissional que permite que os usuários se conectem, compartilhem informações e oportunidades de carreira. O site foi lançado em 2003 e atualmente conta com mais de 830 milhões de usuários em todo o mundo.

O LinkedIn oferece uma variedade de recursos para que os usuários possam se conectar, compartilhar informações e encontrar oportunidades de carreira. Esses recursos incluem:

- Perfil: O perfil do LinkedIn é uma página que resume o histórico profissional, as habilidades e as qualificações do usuário.
- Conexões: As conexões são relacionamentos profissionais que os usuários estabelecem com outros usuários do LinkedIn.
- Grupos: Os grupos são comunidades online que reúnem pessoas que compartilham dos mesmos interesses ou ocupações.
- Vagas de emprego: O LinkedIn oferece uma lista de vagas de emprego de empresas em todo o mundo.

Recrutamento: O LinkedIn permite que as empresas recrutem candidatos para vagas de emprego.

O Linkedin é um rede social poderosa para empresas B2B (empresa para empresa) no qual, poderá compartilhar seus diferenciais nessa plataforma a fim de se conectar com seu público-alvo e gerar autoridade e fechamento de contratos.

Pinterest

Pinterest é uma plataforma de compartilhamento de imagens e vídeos que permite aos usuários descobrir, salvar e compartilhar ideias com outras pessoas. É uma plataforma visualmente atraente, com foco em conteúdo de alta qualidade.

O Pinterest pode ser uma ótima ferramenta de marketing para empresas de todos os tamanhos. Os usuários do Pinterest estão procurando ideias e inspiração, o que torna uma ótima plataforma para promover seus produtos e serviços.

Aqui estão algumas dicas para usar o Pinterest para marketing:

- Crie um perfil de negócios. Isso permitirá que você acesse recursos adicionais, como análises e anúncios.
- Crie quadros relevantes para o seu nicho. Isso ajudará os usuários a encontrar seu conteúdo.
- Publique imagens e vídeos de alta qualidade. O conteúdo visual é o que atrai os usuários do Pinterest.
- Use palavras-chave relevantes em suas descrições e títulos. Isso ajudará os usuários a encontrar seu conteúdo quando pesquisarem.
- Promova seu conteúdo em outras plataformas de mídia social. Compartilhe seus pins no Twitter, Facebook e outras plataformas para atrair mais público.

Você também pode usar o Pinterest Ads para promover seus produtos e serviços para um público ainda maior. Os anúncios do Pinterest são altamente direcionados e podem ser muito eficazes para alcançar seu público-alvo.

Aqui estão alguns exemplos de como empresas podem usar o Pinterest para marketing:

- Uma empresa de roupas pode criar quadros com ideias de looks para diferentes ocasiões.
- Uma empresa de decoração de interiores pode criar quadros com ideias de decoração para diferentes cômodos da casa.
- Uma empresa de alimentos pode criar quadros com receitas e dicas de culinária.

O Pinterest é uma plataforma versátil que pode ser usada para promover uma ampla gama de produtos e serviços. Se você está procurando uma maneira de alcançar um público novo e engajado, considere usar o Pinterest para marketing.

YouTube

Fundado em 2005 com o objetivo de disponibilizar vídeos originais para serem assistidos e compartilhados, o YouTube se tornou uma ferramenta essencial para pessoas e empresas que desejam alcançar e influenciar todo tipo de audiência.

O YouTube é uma plataforma de compartilhamento de vídeos que permite aos usuários assistir, compartilhar e criar vídeos. É uma das plataformas de mídia social mais populares do mundo, com mais de 2 bilhões de usuários ativos mensais.

O YouTube também é uma mídia social muito poderosa, no qual que pode ser usada para alcançar um público novo e engajado. Para os profissionais de social media, o YouTube é uma ferramenta essencial para:

- Atrair novos clientes: O YouTube é uma plataforma global com mais de 2 bilhões de usuários ativos mensais. Isso significa que os profissionais de social media podem alcançar um público amplo e diversificado com seus vídeos.
- Gerar leads: Os vídeos do YouTube podem ser usados para educar e informar os espectadores sobre produtos e serviços. Isso pode ajudar os profissionais de social media a gerar leads qualificados para suas empresas.
- Promover produtos e serviços: Os vídeos do YouTube podem ser usados para promover produtos e serviços de forma eficaz. Os vídeos podem ser usados para demonstrar produtos, contar histórias de clientes e compartilhar depoimentos.
- Construir relacionamentos com o público: Os vídeos do YouTube podem ser usados para construir relacionamentos com o público. Os profissionais de social media podem usar os vídeos para responder a perguntas, interagir com os espectadores e oferecer suporte ao cliente.

Além disso, o YouTube é uma plataforma que está em constante crescimento. O número de usuários do YouTube está crescendo a cada ano, o que significa que o potencial de alcance é cada vez maior.

WhatsApp

O WhatsApp é a rede social de mensagens instantâneas mais popular entre os brasileiros, Sim o whatsapp é também uma rede social.

No Brasil, De acordo com os dados da We Are Social, 93.4% das pessoas que usam internet no Brasil também utilizam o WhatsApp, em seguida as redes sociais mais utilizadas são seguida pelo YouTube e Instagram.

O WhatsApp pode ser uma ótima ferramenta de marketing para empresas de todos os tamanhos. Os usuários do WhatsApp estão procurando informações relevantes e ofertas personalizadas, o que torna uma ótima plataforma para promover seus produtos e serviços.

Aqui estão alguns exemplos de como empresas podem usar o WhatsApp para marketing:

* Uma empresa de comércio eletrônico pode enviar mensagens personalizadas para seus clientes potenciais com ofertas especiais e promoções.
* Uma empresa de viagens pode enviar mensagens aos seus clientes potenciais com dicas de viagem e ofertas de pacotes turísticos.
* Uma empresa de tecnologia pode enviar mensagens aos seus clientes potenciais com links para artigos e vídeos sobre seus produtos e serviços.

Por ser uma rede social altamente utilizada, ela sempre está em constante atualização, e atualmente está com implementação de novos recursos para boa experiência de seus usuários, uma dessas atualizações é a utilização da inteligência artificial, como por exemplo os chatbots para automações e a LuzIA como assistente virtual.

Perguntas

Vamos testar seu conhecimento sobre as redes sociais?

Responda as perguntas a seguir.

1. Qual rede social é a preferencia entre os Baby boomers?
2. Tenho uma empresa B2B qual rede social é mais indicada?
3. Qual rede social a geração y e z está mais presente?
4. Estou Abrindo uma loja de Roupas femininas, qual rede social preciso fortalecer a presença da minha marca?

Essas perguntinhas vão te ajudar a já pensar como um social media, pois seus futuros clientes vão perguntar e você precisa estar pronto para responder. As respostas estão no final desse e-book.

Dica:

Baby Boomers: nascidos entre 1946 e 1964.

Geração X: nascidos entre 1965 e 1980.

Geração Y ou Millennials: nascidos entre 1981 e 1996.

Geração Z: nascidos entre 1997 e 2010.

Geração Alfa: nascidos a partir de 2010.

Algoritmo

O algoritmo das redes sociais é um conjunto de regras e fórmulas que determina quais publicações são exibidas para cada usuário. O objetivo do algoritmo é mostrar aos usuários o conteúdo que é mais relevante para eles, com base em seu histórico de interação com a plataforma.

Os algoritmos das redes sociais são complexos e geralmente são mantidos em segredo pelas empresas que os desenvolvem. No entanto, alguns dos fatores que são considerados pelos algoritmos incluem:

- Interação: quanto mais um usuário interage com uma publicação, como curtindo, comentando ou compartilhando, mais chances ela tem de ser exibida para outros usuários.
- Relevância: o algoritmo leva em conta o conteúdo que o usuário já interagiu, para mostrar a ele mais conteúdo semelhante.
- Tempo: as publicações mais recentes têm mais chances de ser exibidas, pois são consideradas mais relevantes.
- Personalização: o algoritmo leva em conta as preferências do usuário, como interesses e localização, para mostrar a ele conteúdo mais personalizado.

Os algoritmos das redes sociais têm um impacto significativo na forma como as pessoas usam essas plataformas. Eles podem determinar quais publicações os usuários veem, o que pode influenciar suas opiniões e comportamentos.

Para as empresas, os algoritmos das redes sociais são uma ferramenta importante para alcançar seu público-alvo. Ao criar conteúdo relevante e envolvente, as empresas podem aumentar suas chances de ter suas publicações exibidas para um público maior.

Aqui estão algumas dicas para melhorar o desempenho do algoritmo:
- Crie conteúdo relevante e de alta qualidade.
- Use hashtags relevantes e de seu nicho.
- Publique regularmente. Quanto mais você publicar, mais chances terá de seu conteúdo ser exibido para um público maior.
- Interaja com seu público. Responda aos comentários e perguntas para construir relacionamentos com seus seguidores.

Ao seguir essas dicas, você pode aumentar suas chances de ter seu conteúdo exibido para um público certo e alcançar seus objetivos de marketing nas redes sociais.

Marketing Digital

Antes de começarmos de forma mais prática no mundo do social media, precisamos entender o marketing digital e qual a sua importância, pois ser social media é ser um agente de marketing digital.

Marketing digital é o conjunto de estratégias e ações de comunicação que as empresas utilizam para promover seus produtos, serviços e marcas por meio de canais digitais, como a internet, redes sociais, aplicativos e e-mail.

O objetivo do marketing digital é atrair novos clientes, aumentar as vendas e construir relacionamentos com o público-alvo.

O marketing digital oferece uma série de vantagens para as empresas, como:

- **Alcance global:** as empresas podem atingir um público-alvo muito maior por meio da internet.
- **Segmentação:** as empresas podem segmentar suas campanhas de marketing para atingir públicos específicos.
- **Mensurabilidade:** os resultados do marketing digital podem ser facilmente mensurados, o que permite que as empresas avaliem o sucesso de suas campanhas.
- **Custo-efetividade:** o marketing digital pode ser uma forma muito eficiente de promover uma empresa, pois geralmente é mais barato do que os métodos de marketing tradicional.

Para definir uma estratégia de marketing digital, é importante considerar os seguintes fatores:

- Metas: quais são os objetivos da empresa com o marketing digital?
- Público-alvo: quem é o público que a empresa deseja atingir?
- Orçamento: quanto a empresa está disposta a investir no marketing digital?

Após definir esses fatores, a empresa pode começar a implementar as estratégias de marketing digital que sejam mais adequadas para seus objetivos.

O marketing digital é uma ferramenta poderosa que pode ajudar as empresas a alcançar seus objetivos de marketing. Ao definir uma estratégia adequada e investir em ações de marketing digital, as empresas podem aumentar a visibilidade, melhorar o relacionamento com o público e aumentar as vendas.

O marketing digital nas redes sociais é uma estratégia que utiliza as plataformas de mídia social para alcançar objetivos de marketing, como aumentar o reconhecimento da marca, gerar leads e vendas. Para isso, as empresas criam e compartilham conteúdo relevante e valioso para seu público-alvo, a fim de engajar e construir relacionamentos com eles.

As redes sociais oferecem uma série de vantagens para o marketing digital, como:

- Alcance: as redes sociais permitem que as empresas alcancem um público-alvo muito maior do que seria possível com outros canais de marketing.
- Segmentação: as empresas podem segmentar suas campanhas de marketing para atingir públicos específicos.
- Engajamento: as redes sociais oferecem um canal direto de comunicação com o público-alvo, permitindo que as empresas se conectem com seus clientes de forma mais pessoal e envolvente.
- Mensurabilidade: os resultados do marketing nas redes sociais podem ser facilmente mensurados, o que permite que as empresas avaliem o sucesso de suas campanhas.

Para criar uma estratégia de marketing nas redes sociais eficaz, é importante considerar os seguintes fatores:

* Público-alvo: qual é o público que a empresa deseja atingir?
* Objetivos: quais são os objetivos da empresa com o marketing nas redes sociais?
* Conteúdo: qual tipo de conteúdo será criado e compartilhado?
* Plataformas: em quais plataformas a empresa estará presente?
* Análise: como os resultados das campanhas serão mensurados?

Aqui estão alguns exemplos de como as empresas podem usar as redes sociais para alcançar seus objetivos de marketing:

* Aumentar o reconhecimento da marca: as empresas podem compartilhar conteúdo informativo e divertido para educar seu público sobre seus produtos ou serviços.
* Gerar leads: as empresas podem oferecer conteúdo de alta qualidade, como e-books ou webinars, em troca de informações de contato dos usuários.
* Aumentar as vendas: as empresas podem anunciar seus produtos ou serviços nas redes sociais ou usar ferramentas de vendas sociais para fechar negócios.

Persona x Público Alvo

Público-alvo e persona são dois conceitos importantes para a definição de uma estratégia de marketing eficaz.

Público-alvo é um termo geral que se refere a um grupo de pessoas que têm características em comum, como idade, sexo, localização, interesses e necessidades.

O público-alvo é uma descrição geral do grupo de pessoas que a empresa deseja atingir com seus produtos ou serviços.

Persona é um personagem semifictício que representa o cliente ideal da empresa.

A persona é baseada em dados reais sobre os clientes da empresa, como informações demográficas, psicográficas e comportamentais. A persona ajuda a empresa a entender melhor as necessidades e desejos de seu cliente ideal, para que possa criar estratégias de marketing mais eficazes.

A principal diferença entre público-alvo e persona é o nível de detalhe. O público-alvo é uma descrição geral de um grupo de pessoas, enquanto a persona é uma descrição detalhada de um cliente ideal.

A persona é mais útil para a definição de uma estratégia de marketing eficaz porque fornece informações mais específicas sobre o cliente ideal. Com uma persona, a empresa pode criar estratégias de marketing que são mais relevantes e eficazes para atingir seu público-alvo.

Aqui está uma tabela que resume as principais diferenças entre público-alvo e persona:

Característica	Público-alvo	Persona
Nível de detalhe	Geral	Detalhado
Informações	Demográficas, psicográficas	Demográficas, psicográficas e comportamentais
Utilidade	Para definir um grupo de pessoas para atingir	Para entender as necessidades e desejos do cliente ideal

Aqui estão alguns exemplos de como uma empresa pode usar uma persona para criar uma estratégia de marketing eficaz:

- Uma empresa de tecnologia que desenvolve aplicativos para smartphones pode criar uma persona de um jovem profissional que usa seu smartphone o dia todo para trabalhar e se divertir. A empresa pode usar essa persona para criar aplicativos que atendam às necessidades desse tipo de usuário, como aplicativos que permitem trabalhar em movimento ou que oferecem entretenimento.

- Uma empresa de marketing digital pode criar uma persona de um empresário que está procurando maneiras de aumentar as vendas de sua empresa. A empresa pode usar essa persona para criar estratégias de marketing digital que ajudem esse tipo de empresário a alcançar seus objetivos, como webinars sobre marketing digital ou ferramentas de análise de dados.

Ao usar uma persona, as empresas podem criar estratégias de marketing mais eficazes que atendam às necessidades e desejos de seu cliente ideal.

Funil de conteúdo

O funil de conteúdo é uma estratégia de marketing que visa atrair, educar e converter leads em clientes. O funil é dividido em três etapas:

- **Topo do funil (TOFU):** nesta etapa, o objetivo é atrair a atenção do público-alvo e gerar leads. O conteúdo criado nesta etapa é geralmente informativo e educativo, e tem como objetivo educar o público sobre a empresa e seus produtos ou serviços.

- **Meio do funil (MOFU):** nesta etapa, o objetivo é educar e nutrir os leads para que eles se tornem mais qualificados. O conteúdo criado nesta etapa é mais aprofundado e específico, e tem como objetivo ajudar os leads a tomar uma decisão de compra.

- **Fundo do funil (BOFU):** nesta etapa, o objetivo é converter leads em clientes. O conteúdo criado nesta etapa é mais persuasivo e tem como objetivo incentivar os leads a comprar o produto ou serviço da empresa.

FUNIL DE CONTEÚDO

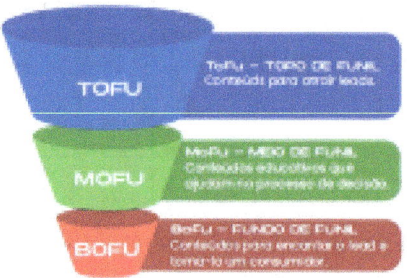

O funil de conteúdo é uma estratégia eficaz para empresas que desejam construir relacionamentos com seu público-alvo e aumentar as vendas. Ao criar conteúdo relevante e valioso em cada etapa do funil, as empresas podem ajudar os leads a percorrer o caminho da jornada de compra e se tornarem clientes.

Você como social media, precisa entender a importância dessas etapas do funil, pois saber como executar com maestria será a cereja do bolo para mostrar seu potencial em frente aos clientes, gerar portfólio potente e cobrar alto valor pelos seus serviços.

Aqui estão algumas dicas para criar um funil de conteúdo eficaz:

- Conheça seu público: antes de começar a criar conteúdo, é importante conhecer seu público-alvo. Quais são seus interesses? Quais são suas necessidades?
- Defina seus objetivos: o que você quer alcançar com seu funil de conteúdo? Você quer gerar leads? Educar os leads? Converter leads em clientes?
- Crie conteúdo relevante e valioso: o conteúdo é o que vai atrair e engajar seu público. Crie conteúdo que seja relevante, valioso e de alta qualidade.
- Divulgue seu conteúdo: depois de criar conteúdo, é importante divulgá-lo para o seu público-alvo. Use canais de marketing digital, como e-mail marketing, redes sociais e blogs, para divulgar seu conteúdo.
- Acompanhe os resultados: use ferramentas de análise para acompanhar os resultados do seu funil de conteúdo. Isso ajudará você a identificar o que está funcionando e o que precisa ser melhorado.

Ao seguir essas dicas, você pode criar um funil de conteúdo eficaz que ajudará a sua empresa a alcançar seus objetivos.

Karla Costa

Criando conteúdo para redes sociais

Criar conteúdo para as redes sociais é uma tarefa que requer planejamento e estratégia.

Já vimos nas unidades anteriores, toda a base para construir uma boa estratégia como social media, agora vamos a execução.

Para criar conteúdo relevante e envolvente, é importante considerar tudo em que você já a prendeu e imaginar o seguinte, se você fosse um cliente, um lead, o que gostaria de ver nas redes sociais e o que chamaria a sua atenção para considerar que aquela marca (a sua em qual irá representar), poderia ser a que você procura?

Se baseando nisso, vamos aos exemplos de conteúdo que você poderá trabalhar:

- Conteúdo informativo: artigos, videos, infográficos, e-books, webinars, etc.
- Conteúdo divertido: memes, videos engraçados, gifs, trends etc.
- Conteúdo promocional: anúncios, lançamentos de produtos, promoções, etc.
- Conteúdo interativo: enquetes, concursos, quizzes, etc.

Ao seguir essas dicas, você pode criar conteúdo relevante e envolvente que ajudará você a alcançar seus objetivos nas redes sociais.

Conteúdo - orgânico

Conteúdo orgânico é aquele que é criado e publicado sem o uso de anúncios pagos. Ele é produzido com o objetivo de educar, informar ou entreter o público-alvo, e não necessariamente para vender produtos ou serviços.

O conteúdo orgânico é uma estratégia importante para o marketing digital, pois pode ajudar a alcançar um público maior e construir relacionamentos com os clientes.

Produzir conteúdo orgânico eficaz nas redes sociais envolve estratégia, criatividade e consistência; mas lembre- se de que o sucesso do conteúdo orgânico nas redes sociais leva tempo. É importante ser paciente, adaptar- se às mudanças e continuar refinando sua estratégia à medida que aprende mais sobre o que funciona melhor para sua audiência específica.

As hashtags são uma ótima maneira de aumentar o alcance do seu conteúdo orgânico nas redes sociais. Elas permitem que seu conteúdo seja encontrado por pessoas que estão interessadas em tópicos específicos.

Quando você usa uma hashtag em uma postagem nas redes sociais, seu conteúdo é exibido em uma página de resultados de pesquisa para essa hashtag. Isso significa que seu conteúdo pode ser visto por pessoas que não seguem você, mas que estão interessadas no tópico da sua postagem.

As hashtags também podem ser usadas para criar comunidades e promover conversas. Ao usar hashtags relevantes, você pode se conectar com pessoas que compartilham seus interesses e construir relacionamentos.

Conteúdo - Criativos

No contexto das redes sociais e do marketing digital, "criativos" se refere aos elementos visuais e de conteúdo que são criados e usados para atrair a atenção do público, comunicar mensagens e promover produtos, serviços ou a marca de uma empresa. Os criativos são essenciais para o sucesso de campanhas de marketing nas redes sociais e podem incluir diversos formatos, como:

- Imagens: Fotos ou gráficos que podem ser compartilhados em postagens, histórias e anúncios. Imagens atraentes são cruciais para chamar a atenção do público.
- Videos: Conteúdo em vídeo é altamente eficaz para envolver o público. Isso pode variar de vídeos curtos para histórias até vídeos mais longos para o feed principal.
- Infográficos: Gráficos informativos que combinam texto e elementos visuais para explicar conceitos ou dados de forma clara e atrativa.
- Animações e GIFs: Elementos animados podem adicionar um toque de dinamismo às postagens e torná-las mais envolventes.
- Carrosséis: Séries de imagens ou slides que permitem contar uma história, compartilhar dicas ou detalhar informações em um único post.
- Conteúdo Gerado pelo Usuário (UGC): Postagens, fotos ou vídeos criados por clientes ou seguidores que destacam seus produtos ou serviços.
- Legendas Criativas: O texto que acompanha as imagens ou vídeos pode ser tão importante quanto o conteúdo visual. Legendas criativas podem cativar o público e encorajá-los a interagir com sua postagem.

- Anúncios: Criativos publicitários, incluindo imagens, vídeos e textos, que são usados em campanhas pagas para promover produtos ou serviços.

A qualidade e a relevância dos criativos desempenham um papel crucial no sucesso das estratégias de marketing nas redes sociais. Eles devem ser projetados de acordo com o público-alvo, ser atraentes, comunicar a mensagem de forma clara e se alinhar à identidade visual da marca.

Além disso, é importante lembrar que as redes sociais têm diferentes requisitos de formato e tamanho de imagem/vídeo para diferentes tipos de postagens, portanto, os criativos devem ser dimensionados e formatados corretamente para cada plataforma em que serão compartilhados.

Confira os tamanhos:

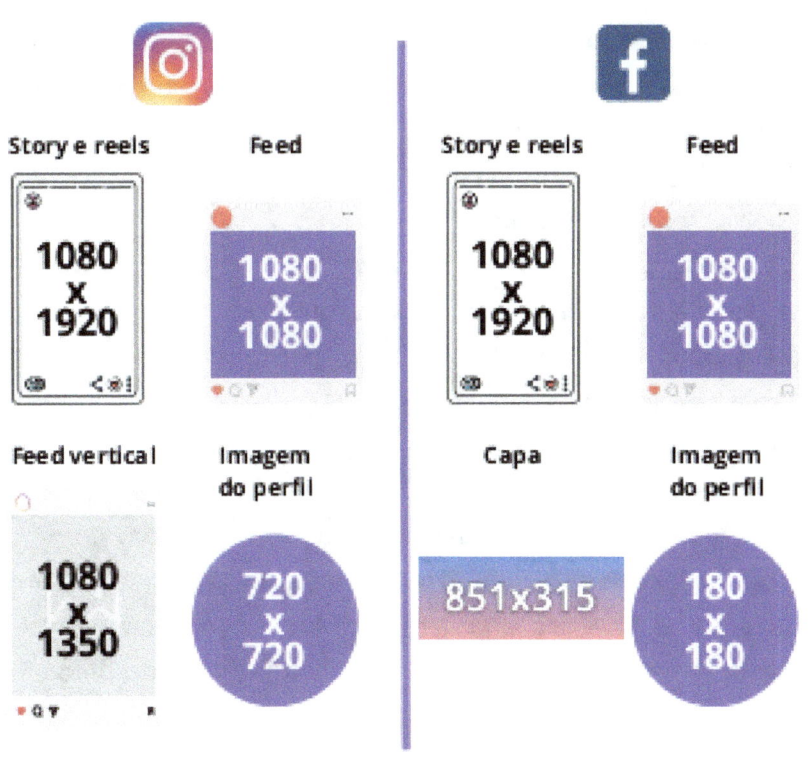

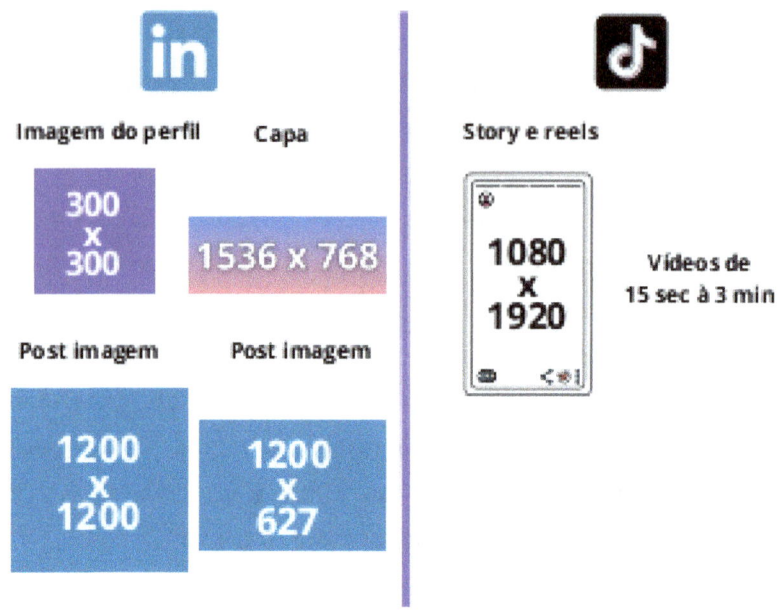

Vale ressaltar que os criativos não são a função do social media e sim de um designer, mas muitos social media que tem essa habilidade de criação de artes aproveita e coloca essa função como parte de um pacote, e com isso consegue cobrar mais pelo seus trabalhos.

Se esse for o seu caso, vou deixar alguns programas para você explorar e trabalhar também com criativos:

- Adobe Photoshop
- Adobe Ilustrator
- Corel Draw
- Canva

Os 3 primeiros são softwares profissionais e precisam de uma bom conhecimento para executar a tarefa lá, o último é um sistema de fácil uso e já vem com alguns recursos prontos, basta só trocar cores e imagens e o criativo ficará pronto em minutos.

Conteúdo - Copywriting

Copywriting é a arte e a técnica de escrever textos persuasivos e convincentes com o objetivo de influenciar as pessoas a tomar uma ação desejada, como comprar um produto, inscrever-se em um serviço, aderir a uma ideia ou simplesmente engajar-se com o conteúdo. O principal objetivo do copywriting é persuadir o leitor ou espectador e convencê-lo a agir de acordo com o que está sendo comunicado.

O termo "copy" se refere ao texto escrito com propósitos comerciais ou de marketing. O copywriting é amplamente utilizado em várias formas de comunicação, incluindo anúncios, páginas de vendas, e-mail marketing, posts em redes sociais, conteúdo para sites, folhetos, cartazes, etc.

Um copywriter habilidoso conhece seu público-alvo, entende seus desejos, necessidades e preocupações e utiliza palavras e técnicas persuasivas para criar mensagens que ressoam com esse público.

Algumas das principais técnicas de copywriting incluem:

- **Conhecer o público-alvo:** Entender a psicologia e os interesses do público é fundamental para criar mensagens persuasivas.
- **Destacar benefícios:** Concentrar-se nos benefícios do produto ou serviço em vez de apenas listar características técnicas.
- **Criar senso de urgência:** Usar frases como "por tempo limitado" ou "oferta exclusiva" para incentivar a ação imediata.
- **Apresentar prova social:** Mostrar evidências sociais, como depoimentos de clientes satisfeitos, para construir confiança.
- **Usar gatilhos emocionais:** Tocar nas emoções do público, seja através do uso de histórias, humor, empatia ou outros.

31

- **Aplicar técnicas de storytelling:** Contar uma história envolvente que conecte o público à mensagem.
- **Criar chamadas à ação (CTAs) claras:** Indicar de forma direta e inequívoca o que o leitor deve fazer a seguir.
- **Testar e otimizar:** Realizar testes A/B e analisar métricas para melhorar continuamente o desempenho das mensagens.

O copywriting é uma habilidade valiosa no mundo do marketing e da publicidade, pois a qualidade do texto pode ter um impacto significativo nas taxas de conversão e no sucesso de uma campanha. Um copy eficaz pode persuadir os leitores e ajudar a atingir os objetivos de negócios estabelecidos.

Como mencionado acima, as CTAs são o coração do post, é na utilização delas, que vai trazer o senso de urgência e fazer com que seu público-alvo interaja com o post.

Certas chamadas à ação (CTAs) são eficazes em diferentes contextos e plataformas, dependendo dos objetivos da sua mensagem. Aqui estão alguns exemplos de CTAs para inspiração:

1. CTAs para Redes Sociais:
   - "Curta aqui se você concorda!"
   - "Compartilhe com seus amigos!"
   - "Deixe um comentário com sua opinião."
   - "Siga-nos para atualizações diárias."
   - "Clique para saber mais."
   - "Entre em contato agora!"
   - "Marque alguém que precisa ver isso."
   - "Corra porque é por tempo limitado"
   - "Últimas unidades"

Promovendo seu conteúdo

Promover o conteúdo é uma parte crucial do marketing digital, pois ajuda a aumentar a visibilidade, atrair tráfego e alcançar seu público-alvo.

O trafego pago não é uma função do social media, mas ter um bom conhecimento, pode te ajudar nas estratégias de conteúdo para seu cliente.

Tráfego pago nas redes sociais refere-se ao número de visitantes que chegam ao seu site, landing page ou whatsapp através de anúncios pagos que foram veiculados em plataformas de midia social, como Facebook, Instagram, Twitter, LinkedIn e outras. É uma estratégia onde você paga para impulsionar a visibilidade do seu conteúdo ou página para um público-alvo especifico.

Aqui está uma explicação mais detalhada:

Anúncios Pagos:

- São campanhas publicitárias em que você paga para exibir seu conteúdo (anúncios) nas redes sociais para um grupo especifico de usuários.

Segmentação de Público:

- Você pode direcionar seus anúncios para um público especifico com base em critérios demográficos, interesses, comportamentos, localização geográfica e outros parâmetros.

Orçamento e Lances:

- Você define um orçamento para sua campanha, que é o valor que está disposto a investir.
- Além disso, define o lance, que é o valor máximo que está disposto a pagar por determinada ação, como clique (CPC) ou mil impressões (CPM).

Cobrança:

- Você é cobrado com base na ação que escolheu, seja por clique, visualização, interação ou outra métrica específica.

Resultados Mensuráveis:

- As plataformas de publicidade fornecem análises detalhadas, permitindo que você avalie o desempenho dos seus anúncios, como alcance, impressões, cliques, custo por aquisição e muito mais.

Formatos de Anúncio:

- Os anúncios podem ser em forma de imagens, vídeos, carrosséis, histórias (stories), anúncios de apresentação, entre outros, dependendo da plataforma.

Estratégia de Conversão:

- O tráfego pago é frequentemente usado para direcionar os usuários para uma página de destino específica, onde você deseja que eles realizem uma ação, como preencher um formulário, fazer uma compra ou se inscrever em uma newsletter.

Aprimoramento do Alcance:

- O tráfego pago ajuda a aumentar rapidamente a visibilidade do seu conteúdo, especialmente quando você tem um novo produto, serviço ou anúncio importante.

O tráfego pago nas redes sociais é uma ferramenta poderosa para impulsionar o crescimento e a exposição da sua marca, permitindo que você atinja seu público-alvo de forma mais precisa e mensurável em comparação ao tráfego orgânico. No entanto, é importante gerenciar cuidadosamente seu orçamento e estratégia para garantir um retorno positivo sobre o investimento (ROI).

Tráfego pago meta:

Meta empresa dona do facebook, instagram, threads e whatsapp, e ao realizar o trafego na meta, você pode direcionar a todas essas redes ao mesmo tempo e pelo mesmo valor simultaneamente.
Para isso você deve entrar no gerenciador de anuncios pelo facebook. Lá você poderá gerenciar os pagamentos, anuncios, mensurar resultados entre outros.

Gerenciador de anuncios

Medindo os resultados

Medir resultados nas redes sociais é essencial para avaliar o desempenho das suas estratégias de marketing digital e entender como elas estão impactando seus objetivos de negócios. Aqui estão algumas métricas e métodos que você pode usar para medir resultados nas redes sociais:

Métricas de Engajamento:

- Curtidas e Reações: Acompanhe quantas curtidas e reações suas postagens recebem. Isso indica o nível de envolvimento do público.
- Comentários: Avalie quantos comentários suas postagens geram. Comentários são um sinal de interação direta e interesse.
- Compartilhamentos: Veja quantas vezes suas postagens são compartilhadas. Isso aumenta a visibilidade do seu conteúdo.
- Taxa de Engajamento: Calcule a taxa de engajamento dividindo o número total de interações (curtidas, comentários, compartilhamentos) pelo número de seguidores e multiplicando por 100.

Alcance e Impressões:

- Alcance: Mede quantas pessoas viram suas postagens ou anúncios. É uma métrica importante para avaliar a visibilidade.
- Impressões: Indica quantas vezes suas postagens foram exibidas, incluindo repetições para o mesmo usuário.

Taxas de Cliques:

- Taxa de Cliques (CTR): Avalie quantas pessoas clicaram nos links ou botões de chamada à ação (CTAs) nas suas postagens ou anúncios. Isso é fundamental para avaliar a eficácia das campanhas.

Conversões:

- Conversões: Acompanhe as ações específicas que você deseja que os usuários realizem, como preencher um formulário, fazer uma compra etc.

Tempo Médio Gasto:

- Tempo Médio Gasto: Meça quanto tempo os usuários passam consumindo seu conteúdo, assistindo a vídeos ou lendo postagens.

Taxa de Abandono de Páginas:

- Taxa de Abandono de Páginas: Avalie quantos visitantes deixam sua página após visualizar apenas uma postagem ou página.

Retorno sobre o Investimento (ROI):

- ROI: Calcule o retorno sobre o investimento para campanhas pagas, comparando o valor gasto com o valor gerado (vendas, leads, etc.).

Métricas de Seguidores:

- Crescimento de Seguidores: Acompanhe o número de novos seguidores ao longo do tempo.
- Taxa de Desinscrição (Unfollow): Monitore a taxa de pessoas que deixam de seguir sua página.

Análise de Sentimento:

- Use ferramentas de análise de sentimento para entender como os usuários se sentem em relação à sua marca com base em suas interações e comentários.

Benchmarking:

- Compare seu desempenho com o de concorrentes ou referências do setor para identificar áreas de oportunidade.

Pesquisas e Enquetes:

- Conduza pesquisas e enquetes nas redes sociais para obter feedback direto dos seguidores e medir a satisfação do cliente
- Análise de Funil de Conversão:
- Rastreie o progresso dos usuários desde o primeiro contato com sua marca até a conversão final, identificando pontos de entrada e saída.
- Utilize ferramentas de análise de redes sociais, como as oferecidas pelas próprias plataformas (Facebook Insights, Instagram Insights, Tiktok Análise, etc.), bem como ferramentas de terceiros, para acompanhar e medir essas métricas de forma eficaz. É importante definir objetivos claros antes de iniciar qualquer campanha nas redes sociais e usar métricas relevantes para avaliar seu progresso em direção a esses objetivos.

Confira a seguir as ferramentas de analises (insights) que estão disponível dentro de cada página ou perfil das redes sociais:
Lembrando que, para o Instagram, somente perfis profissionais podem ter o acesso ao recurso de análises, (comercial e de criador).

Karla Costa

Facebook Insights

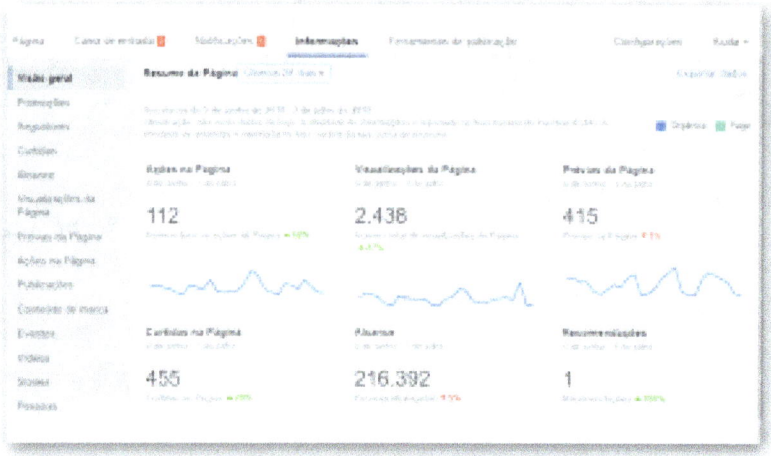

Instagram Insights

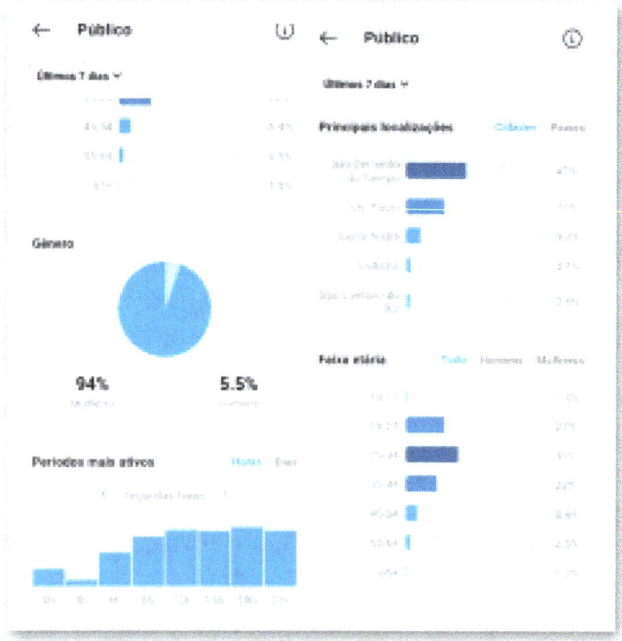

TikTok análises

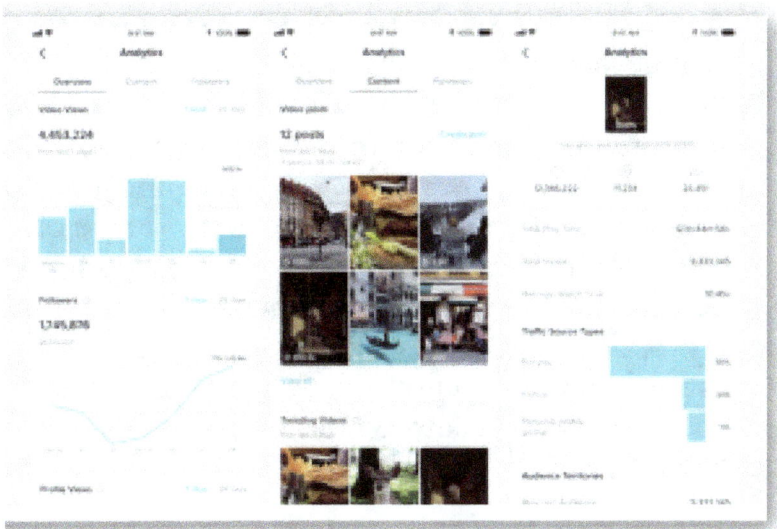

Calculando a taxa de engajamento:

A taxa de engajamento é uma métrica que mede o envolvimento dos usuários com o conteúdo de uma marca nas redes sociais. Ela é calculada dividindo o número de interações com o conteúdo pelo número de seguidores.

A fórmula para calcular a taxa de engajamento é:

Taxa de engajamento = (Interações / Número de seguidores) * 100

Por exemplo, se uma marca tem 10.000 seguidores e recebe 1.000 curtidas, comentários e compartilhamentos em uma postagem, a taxa de engajamento é de 10%.

Taxa de engajamento = (1.000 / 10.000) * 100 = **10%**

Medindo os resultados: Relatórios

Relatórios de insights são relatórios que fornecem informações sobre o desempenho de uma empresa ou organização diante das redes sociais. Os relatórios de insights são uma ferramenta valiosa para empresas e organizações que desejam tomar decisões informadas. Ao fornecer informações sobre o desempenho da empresa, eles podem ajudar as empresas a melhorar seu desempenho e alcançar seus objetivos, podendo ser usados para ações para identificar tendências, padrões, oportunidades e ações de remarketing. Além de mostrar o desempenho do seu trabalho e o quando você social media é valioso para a empresa, afinal seu trabalho é essencial e gera grandes resultados.

Os relatórios de insights podem ser gerados manualmente ou por meio de software de análise de dados. Os softwares de análise de dados podem automatizar o processo de geração de relatórios e fornecer insights mais profundos, mas geralmente esses softwares são pagos.

Dentro da plataforma da meta tem analises de insights e são totalmente gratuitos e você pode começar a extrair os dados ali para gerar os relatórios.

Aqui estão as etapas para construir um relatório de insights das redes sociais:

1. Defina objetivos claros. Antes de começar a criar o relatório, defina os objetivos que você deseja alcançar. Isso ajudará você a determinar quais dados e informações incluir no relatório.
2. Colete os dados certos. Como mencionado anteriormente, existem várias ferramentas que podem ajudá-lo a coletar dados de redes sociais. Algumas das ferramentas mais populares são:

- **Hootsuite Analytics:** Uma ferramenta de análise de redes sociais que oferece uma variedade de relatórios e métricas.
- **Google Analytics:** Uma ferramenta de análise de websites que também pode ser usada para analisar dados de redes sociais.
- **Sprout Social:** Uma ferramenta de gerenciamento de redes sociais que oferece relatórios de análise.

Visualize os dados de forma eficaz. Use gráficos e tabelas para visualizar os dados de forma clara e concisa. Isso tornará os dados mais fáceis de entender e interpretar.

Concentre-se nos insights. Ao analisar os dados, concentre-se nos insights que podem ajudá-lo a tomar melhores decisões.

Compartilhe os resultados. Compartilhe os resultados do relatório com as pessoas relevantes, como membros da equipe, gerentes e clientes.

Aqui estão algumas métricas e indicadores que você pode incluir em seu relatório de insights das redes sociais:

- Alcance: O número de pessoas que viram suas publicações.
- Impressões: O número de vezes que suas publicações foram vistas.
- Engajamento: O número de curtidas, comentários e compartilhamentos de suas publicações.
- Crescimento de seguidores: O número de novos seguidores que você ganhou.
- Tráfego do website: O número de pessoas que visitaram seu website a partir de suas redes sociais.
- Leads gerados: O número de leads que você gerou a partir de suas redes sociais.

A escolha das métricas e indicadores a serem incluídos no relatório dependerá dos objetivos dos seus clientes.

Medindo os resultados: Relatórios

Dica: o Canva oferece aos usuários uma plataforma fácil e gratuita para criar relatórios elegantes e profissionais.

Abaixo está um exemplo de um relatório lindamente elaborado que você pode usar como referência para impressionar seus clientes.

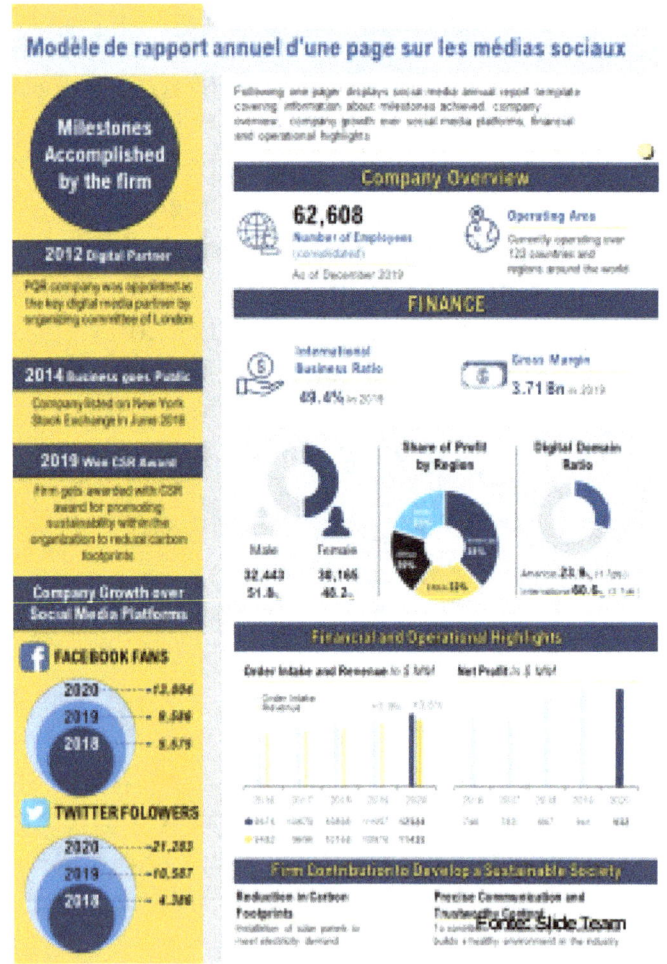

Ferramentas de Gestão

Ferramentas de gestão de redes sociais são softwares que ajudam empresas e indivíduos a gerenciar suas presenças nas redes sociais. Essas ferramentas oferecem uma variedade de recursos, incluindo:

- Agendamento de postagens
- Análise de desempenho
- Monitoramento de conversas
- Colaboração entre equipe
- Criação de conteúdo

As ferramentas de gestão de redes sociais podem ser uma ótima maneira de economizar tempo e melhorar a eficiência da sua estratégia de marketing nas redes sociais.

As ferramentas de gestão de redes sociais oferecem uma série de vantagens, incluindo:

- Eficiência: As ferramentas de gestão de redes sociais podem ajudá-lo a economizar tempo e esforço, automatizando tarefas como agendamento de postagens e análise de desempenho.
- Abrangência: As ferramentas de gestão de redes sociais geralmente suportam uma variedade de plataformas de mídia social, permitindo que você gerencie todas as suas contas em um único lugar.
- Análise: As ferramentas de gestão de redes sociais oferecem relatórios abrangentes sobre o desempenho de suas postagens, permitindo que você rastreie o sucesso de suas campanhas.
- Colaboração: As ferramentas de gestão de redes sociais podem facilitar a colaboração entre membros da equipe, permitindo que você trabalhe juntos em postagens e campanhas.

Melhores ferramentas de gestão de redes sociais

Existem muitas ferramentas de gestão de redes sociais disponíveis, cada uma com seus próprios recursos e preços.

43

Algumas das ferramentas mais populares incluem:

- **Meta Business Suite:** é uma plataforma de gerenciamento de negócios que reúne as ferramentas da Meta para empresas em um único lugar. Ele permite que as empresas criem e gerenciem anúncios, páginas, contas e ativos de negócios em plataformas como Facebook, Instagram, Messenger e WhatsApp.
- **RD Station:** é uma plataforma de marketing digital e vendas que oferece uma variedade de recursos para ajudar empresas a crescer. A plataforma é dividida em Marketing e CRM.
- **MLabs:** Uma ferramenta de gerenciamento de mídia social que se concentra em pequenas empresas e indivíduos que oferece recursos como agendamento de postagens, análise de desempenho e criação de conteúdo.
- **Canva:** Uma ferramenta de design gráfico que pode ser usada para criar conteúdo/criativos para redes sociais.

Como escolher a ferramenta de gestão de redes sociais certa

Ao escolher uma ferramenta de gestão de redes sociais, é importante considerar os seguintes fatores:

- Requisitos: Quais recursos você precisa? Você precisa de uma ferramenta que possa agendar postagens, analisar desempenho, monitorar conversas ou criar conteúdo?
- Tamanho da empresa: Você é uma pequena empresa, uma empresa de médio porte ou uma empresa de grande porte? As ferramentas de gestão de redes sociais geralmente oferecem planos de preços diferentes para empresas de diferentes tamanhos.
- Preços: Quanto você está disposto a gastar? As ferramentas de gestão de redes sociais podem variar de gratuitas a muito caras.

- Preços: Quanto você está disposto a gastar? As ferramentas de gestão de redes sociais podem variar de gratuitas a muito caras.

Dicas para usar ferramentas de gestão de redes sociais Aqui estão algumas dicas para usar ferramentas de gestão de redes sociais:

- Defina seus objetivos: Antes de começar a usar uma ferramenta de gestão de redes sociais, defina seus objetivos para sua estratégia de marketing nas redes sociais. Isso o ajudará a escolher os recursos certos e a medir o sucesso de suas campanhas.
- Planeje seu conteúda: Use a ferramenta para planejar seu conteúdo com antecedência. Isso o ajudará a se manter organizado e a evitar postar conteúdo duplicado.
- Monitore seu desempenho: Use a ferramenta para monitorar o desempenho de suas postagens. Isso o ajudará a identificar o que está funcionando e o que não está.
- As ferramentas de gestão de redes sociais podem ser uma ótima maneira de melhorar a eficiência e o sucesso da sua estratégia de marketing nas redes sociais, além de diminuir o tempo de trabalho.

Calendário Editorial

Um calendário editorial é uma ferramenta de planejamento usada por empresas, marcas, blogueiros, editores e profissionais de marketing para organizar e programar conteúdo de forma consistente ao longo do tempo. Essa ferramenta ajuda a garantir que o conteúdo seja criado e distribuído de maneira eficiente e estratégica, alinhando-se aos objetivos da empresa ou do criador de conteúdo.

Principais elementos de um calendário editorial incluem:

- Datas de Publicação: Indica quando o conteúdo será publicado. Isso pode ser diário, semanal, mensal ou em qualquer frequência desejada.
- Tópicos e Temas: Especifica os assuntos ou temas que serão abordados em cada peça de conteúdo. Isso ajuda a garantir a variedade e a relevância do conteúdo ao longo do tempo.
- Formato de Conteúda: Define o tipo de conteúdo a ser criado, como artigos de blog, vídeos, infográficos, podcasts, posts em redes sociais, etc.
- Responsáveis: Atribui responsabilidades a membros da equipe ou colaboradores que criarão, revisarão e publicarão o conteúdo.
- Palavras-chave e SEO: Inclui informações sobre palavras-chave relevantes a serem incorporadas ao conteúdo para otimização de mecanismos de busca (SEO).
- Promoção e Distribuição: Indica como o conteúdo será promovido e distribuído após a publicação, incluindo canais de mídia social, email marketing, entre outros.
- Datas de Revisão e Aprovação: Define prazos para revisões e aprovações, garantindo que o conteúdo seja revisado e ajustado conforme necessário antes da publicação.

- Objetivos e Métricas: Estabelece metas claras para cada peça de conteúdo e as métricas a serem monitoradas para avaliar o desempenho.
- Eventos e Datas Importantes: Inclui eventos, feriados ou datas especiais que podem ser relevantes para o conteúdo.
- Recursos Necessários: Lista os recursos necessários para criar o conteúdo, como imagens, gráficos, vídeos, etc.

Um calendário editorial é uma ferramenta crucial para manter a consistência na produção de conteúdo, melhorar o planejamento estratégico e facilitar a colaboração entre membros da equipe. Ele ajuda a garantir que o conteúdo seja relevante, oportuno e alinhado com os objetivos gerais de marketing e comunicação de uma organização ou criador de conteúdo.

Como montar um calendário editorial

Montar um calendário editorial requer planejamento e organização. Aqui estão os passos para criar um calendário editorial eficaz:

Passo 1: Defina seus Objetivos

Antes de criar um calendário editorial, é importante ter objetivos claros em mente. Pergunte a si mesmo:

- Quem é o público-alvo do meu conteúdo?
- Quais são os objetivos específicos do meu conteúdo? (Ex: aumentar o tráfego, engajamento, vendas)
- Qual é a frequência ideal de publicação? (Diária, semanal, mensal)

Passo 2: Identifique seus Tópicos e Temas

- Liste os tópicos e temas que são relevantes para o seu público e que se alinham com seus objetivos. Certifique-se de que haja variedade de conteúdo para manter o interesse da audiência.

Passo 3: Escolha os Formatos de Conteúdo

- Decida quais tipos de conteúdo você deseja criar. Isso pode incluir blogs, vídeos, podcasts, infográficos, posts em redes sociais, etc. Escolha os formatos que funcionam melhor para o seu público e objetivos.

Passo 4: Determine a Frequência de Publicação

- Defina com que frequência você deseja publicar. Isso pode variar de acordo com o tipo de conteúdo e os recursos disponíveis. Lembre-se de ser realista e consistente.

Passo 5: Escolha as Datas de Publicação

- Agora, atribua datas específicas para cada peça de conteúdo. Você pode usar um calendário mensal ou semanal para visualizar as datas de publicação.

Passo 6: Designe Responsabilidades

- Se você trabalha com uma equipe, atribua responsabilidades para cada peça de conteúdo. Isso inclui quem será o autor, revisor, designer, responsável pela publicação, etc.

Passo 7: Crie um Calendário Físico ou Digital

- Crie um calendário editorial físico em papel ou um calendário digital usando ferramentas como planilhas do Google, Trello, Asana ou ferramentas específicas de calendário editorial.

Passo 8: Adicione Detalhes

- Para cada entrada do calendário, adicione detalhes como título, descrição, palavras-chave, links relevantes, status (em progresso, concluido, publicado), canais de distribuição, etc.

Passo 9: Planeje com Antecedência

- Comece a planejar seu conteúdo com antecedência. Crie o conteúdo com tempo suficiente para revisões e edições, se necessário.

Passo 9: Planeje com Antecedência.

- Comece a planejar seu conteúdo com antecedência. Crie o conteúdo com tempo suficiente para revisões e edições, se necessário.

Passo 10: Monitore e Adapte

À medida que você segue seu calendário editorial, monitore o desempenho de cada peça de conteúdo. Use métricas relevantes para avaliar o sucesso. Com base nos resultados, ajuste sua estratégia e seu calendário conforme necessário.

Modelo de calendário editorial.

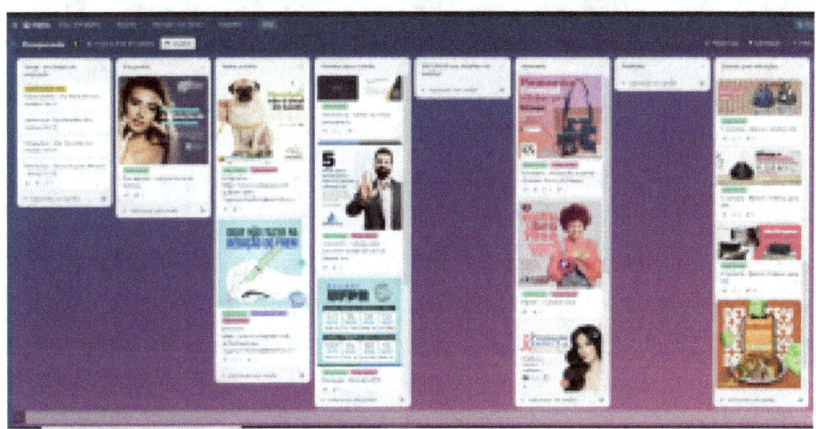

Esse modelo é aquele que minha equipe e eu utilizamos, facilitado pelo software Trello. Ele serve como um quadro de planejamento semanal para temas de conteúdo, gráficos e textos. Além disso, permite filtrar se o conteúdo foi aprovado pelo cliente, necessita de revisão ou já foi publicado. Embora não seja obrigatório, você pode optar por criar um calendário editorial mensal ou quinzenal para delinear temas, conceitos para postagens futuras ou até mesmo datas sazonais relevantes.

Lembre-se de que a equipe de mídia social é responsável pelo planejamento do conteúdo, e utilizar um calendário editorial é essencial para manter a organização e desenvolver um plano mais estruturado.

Prospectar Clientes

Agora que você já conhece todos os aspectos da profissão, chegou o momento mais desafiador: encontrar clientes!

Sabemos bem que possuir conhecimento e competência nesta área é crucial, mas garantir os primeiros clientes para estabelecer um portfólio autêntico é o obstáculo mais significativo.

No entanto, não há necessidade de se preocupar. Fornecerei todos os detalhes necessários e, se você seguir em frente, poderá fechar negócios rapidamente e obter sua independência financeira.

Construindo uma Base Sólida

A criação da sua marca é um processo essencial para estabelecer a identidade e a sua presença no mercado de trabalho, saiba que o posicionamento dela frente as redes sociais será seu ponto de partida, afinal como um social media você precisará ter uma marca e páginas nas redes sociais para mostrar seu potencial para seus futuros clientes (leads).

Pense em um nome, cores e slogan para sua logotipo, procure fazer sua logo ou contratar um designer para a criação.

Com a logo a caminho, está na hora de traçar algumas metas e colocar em prática tudo o que você aprendeu aqui.

Defina sua identidade e valores:
- Comece por entender os valores, a missão e a visão no qual você quer transmitir aos seus clientes. O que você representa e o que deseja alcançar?

Conheça seu público-alvo:

- Entenda quem são seus clientes ideais, e qual ramo você se identifica. Aqui na minha agência, trabalhamos com todos os seguimentos de negócios, mas, você pode focar em um certo ramo e se aprofundar nele, gerando conexão diretamente para essa segmentação, exemplo ramo da saúde no qual abrange dentistas, médicos, planos de saúde, fisioterapia etc, ou ainda filtrar somente em um nicho por exemplo somente para Odontologia.

Pesquisa de mercado:

- Realize pesquisas de "Benchmarking". O Benchmarking na da mais é que a pesquisa sobre os concorrentes afim de conhecer a tendências do mercado, produtos e precificação, pois conhecer seus concorrentes é essencial para entrar com valores justos e além é claro de conhecer a percepção dos clientes em relação aos produtos ou serviços que você vai oferecer.

Crie suas páginas nas redes sociais:

- Crie suas páginas sempre respeitando o branding da sua marca, seu logotipo; mostre todo o seu potencial, lembre que isso será como um portfólio, portanto, dê todo o seu suor nessa criação. Foque em mostrar suas qualificações, e a importância em contratar um social media, realize publicações chamativas e de cunho comercial, mas também, trabalhe com dicas e entretenimento para reter a sua audiência, mas não esqueça de focar no crescimento da sua página.
- Defina o que diferencia você da concorrência. Por que os clientes devem escolher você? Sua proposta de valor deve ser clara e bem convincente.
- Faça publicações mostrando possíveis erros cometidos por não ter um profissional adequado, e as consequências que isso podem gerar.

Aprofunde sua presença no digital:

- Com as redes sociais prontas e funcionando a todo o vapor, saiba que agora você precisa mostrar mais presença e credibilidade, pois infelizmente hoje temos muitos social medias desqualificados no mercado, e isso cria uma atmosfera de desconfiança perante aos clientes. Para fortalecer mais o seu nome/marca, além das redes sociais, você precisa colocar sua marca no Google Business Profile, o antigo "google meu negócio". Para isso basta digitar no buscar do google o nome Google Business Profile entrar no site próprio do google e criar a sua conta. Lá você pode colocar todas as suas informações como contato, o link do seu instagram ou site(se tiver), endereço, horário de funcionamento, logo e fotos. É muito importante preencher com o máximo de detalhes possíveis, pois qualquer pessoa que pesquisar no buscador sobre você ou procurando serviços de social media, ele vai te encontrar. Esse serviço é totalmente gratuito, portanto aproveite.

- Crie um site. Hoje em dia mesmo sem conhecimento em programação, você consegue criar seu site apenas com imagens e informações. Existe alguma plataformas fáceis de utilizar no qual você escolhe um modelo e a partir dele, cria seu site em poucos passos, e ainda de forma gratuita. Na forma gratuita sempre haverá anúncios e possivelmente não terá seu domínio próprio linkado, mas já é um ponto de partida. Caso opte pela forma paga sem anúncios, primeiramente deve-se comprar seu domínio e escolher um plano de hospedagem dentro da plataforma em que construiu seu site, realize o apontamento da hospedagem com o domínio e agora é só aguardar as ligações concluírem, mas, acima de tudo, o mais importante é que seu site seja muito bem explicativo, interessante e que mostre seu trabalho, na dúvida realize uma pesquisa olhando os sites de seus concorrentes, se achar que para você é muito difícil, o ideal é contratar um profissional.

- Plataformas para construir sites gratuitos.
  1. Wix
  2. WordPress
  3. Google Sites

Crie seu Linktree:

- Linktree é uma ferramenta online que permite criar uma página personalizada com vários links em um só lugar, tipo um cartão de visita virtual. Essa página pode ser compartilhada nas suas redes sociais, como Instagram, TikTok, Twitch, Facebook, YouTube, Twitter ou LinkedIn. Nela é importante colocar os links de cada rede social, site e do whatsapp, assim fica tudo em um só ambiente e fácil para seu cliente encontrar tudo o que precisa.

Divulgue com tráfego pago:

- Divulgue também de forma paga para atingir o máximo de visualizações, mesmo se você não tem um conhecimento aprofundado você consegue divulgar com alguns passos direcionados pelo próprio facebook e instagram, o importante é segmentar seu público (lembre-se do capítulo sobre público-alvo e persona), e ter uma imagem (criativo) bem elaborado, e não esqueça do botão para entrar em contato. **Dica:** Procure no YouTube o canal do Pedro Sobral e aprenda como fazer um bom trafego pago.

Divulgue nos grupos:

- Uma ótima opção, é divulgar nos grupos do facebook a mesma divulgação que você fizer para o tráfego pago, e não se limite apenas em sua cidade, expanda essa divulgação para outras cidades e estados.

Prospectar Clientes: Objeções

Objeções são declarações ou perguntas que um cliente pode fazer para expressar dúvidas ou preocupações sobre seus produtos ou serviços. É importante estar preparado para lidar com objeções de forma eficaz.

Aqui estão algumas objeções comuns que você pode encontrar ao oferecer serviços de social media:

- **"Não temos orçamento para isso."**

Resposta: Explique o valor que seus serviços podem trazer para o cliente. Fale sobre como seus serviços podem ajudar o cliente a aumentar o tráfego, a visibilidade e as vendas.

- **"Podemos fazer isso por conta própria."**

Resposta: Explique os benefícios de contratar um profissional de social media. Fale sobre sua experiência e expertise e o retorno que você poderá entregar.

- **"Não temos tempo para isso."**

Resposta: Ofereça serviços gerenciados ou pacotes personalizados que podem atender às necessidades específicas do cliente.

Aqui estão algumas dicas para lidar com objeções:

- Ouvir atentamente. Antes de responder a uma objeção, é importante ouvir atentamente o que o cliente está dizendo. Isso o ajudará a entender a preocupação do cliente e desenvolver uma resposta eficaz.
- Seja positivo e confiante. Sua atitude pode ser um fator decisivo na hora de fechar um negócio. Seja positivo e confiante ao responder às objeções do cliente.
- Ofereça soluções. Em vez de simplesmente negar uma objeção, ofereça uma solução. Isso mostra ao cliente que você está disposto a trabalhar com ele para encontrar uma solução que atenda às suas necessidades.

Prospectar Clientes: Contrato de Trabalho

Com toda essa divulgação, seus futuros clientes vão começar a aparecer, e você precisa estabelecer um contrato de trabalho.

Um contrato de prestação de serviço é um documento importante que formaliza a relação entre uma empresa e um prestador de serviços, estabelecendo assim as responsabilidades e os direitos das partes envolvidas. É uma ferramenta essencial para proteger as duas partes em caso de conflito ou desentendimento.

Aqui estão alguns dos motivos pelos quais é importante ter um contrato de prestação de serviço:

- Protege as partes envolvidas: O contrato de prestação de serviço estabelece os direitos e obrigações de cada parte, o que ajuda a evitar conflitos e desentendimentos.
- Garante a qualidade do serviço: O contrato de prestação de serviço deve especificar os serviços a serem prestados, as condições de entrega e os critérios de qualidade. Isso ajuda a garantir que o serviço seja prestado de acordo com as expectativas do contratante.
- Estabelece o valor do serviço: O contrato de prestação de serviço deve especificar o valor do serviço, as condições de pagamento e as penalidades por atraso. Isso ajuda a evitar problemas financeiros entre as partes.
- Facilita a resolução de cancelamentos: Em caso de cancelamento sem aviso prévio, o contrato de prestação de serviço serve como uma proteção para você em caso de trabalhos já realizados e não concluídos, assim você poderá receber por essa demanda.

Você deve procurar uma assessoria de um advogado para te auxiliar na construção desse contrato, ou pode procurar modelos prontos na internet e adaptar para sua realidade.

Segue um modelo simples de contrato:

Contrato de Trabalho

CLÁUSULA PRIMEIRA: DA PRESTAÇÃO DE SERVIÇOS

1º - Este contrato tem como objetivo a prestação de serviços de gestão de redes sociais e será desenvolvido conforme os pontos explicados logo abaixo:

(a) O gerenciamento das redes sociais Facebook, Instagram, fazendo a criação dos novos perfis se necessário, a capa do facebook, a manutenção e organização das informações específicas de cada canal; interação com potenciais clientes/leitores, dando retornos pré-definidos pela CONTRATANTE a possíveis perguntas dos usuários da página;

(b) Fica acordado entre as partes que o planejamento estratégico e o estudo da concorrência; será de responsabilidade total da CONTRATADA, sendo assim o monitoramento de tendências e hashtags.

(c) A criação de textos originais para posts com técnicas adequadas de SEO (Search Engine Optimization), de acordo com os temas pré-definidos pela CONTRATANTE e de acordo com o surgimento de novas demandas nos canais: Facebook e Instagram.

(d) Será realizado posts com imagens de domínio público, quando não recebido material enviado pela CONTRATANTE, para uso nos posts dos canais: Facebook e Instagram.

(e) O monitoramento do engajamento do público e produção de relatórios analíticos mensais, baseados nos resultados apresentados pelas próprias plataformas.

CLÁUSULA SEGUNDA: DAS CONDIÇÕES DA PRESTAÇÃO DOS SERVIÇOS

Item I - Obrigações do CONTRATADO

1º - Produzir conteúdo para as plataformas digitais supra mencionadas;

2º - A CONTRATADA compromete-se a enviar todos os esforços no sentido de preservar a imagem da CONTRATANTE tomando os cuidados necessários em especial atenção às disposições expressas no Código de Defesa do Consumidor. Para tanto, somente tomará a iniciativa de publicar materiais em nome da CONTRATANTE com sua prévia e expressa autorização quanto ao teor e a forma da comunicação e a CONTRATANTE, por sua vez se compromete a fornecer elementos comprováveis sobre o(s) produto(s) e/ou serviço(s) a fim de que as criações textuais atendam os dispositivos do Código de Defesa do Consumidor e Código Brasileiro de Auto-regulamentação Publicitária.

Item II - Obrigações da CONTRATANTE

1º - Quando necessário fornecimento ao CONTRATADO de todas as informações e elementos necessários ao início e ao desenvolvimento do projeto, em suporte digital, dentro de um período de tempo máximo de 72h para evitar atrasos ou interrupções dos prazos estabelecidos no cronograma;

2º - Fornecer ao CONTRATADO, de acordo com a periodicidade necessária, todos os textos de atualização, ideias propostas e eventuais imagens a serem veiculados nos materiais on e offline com antecedência máxima de 72 horas de sua data de publicação solicitada;

3º - Cumprir os prazos estipulados, neste contrato, para pagamentos e entrega de material;

4º - A CONTRATANTE é livre para sugerir todo e qualquer conteúdo informativo de suas páginas, sendo ela integralmente responsável pelos efeitos provenientes destas informações, respondendo civil e criminalmente por atos contrários à lei, propaganda enganosa, atos obscenos e violação de direitos autorais.

Os tributos (impostos, taxas, emolumentos, contribuições fiscais e parafiscais) que sejam devidos em decorrência, direta ou indireta, deste contrato e de sua execução serão de exclusiva responsabilidade do contribuinte, assim definido na forma tributária, sem direito a reembolso. A CONTRATANTE, quando na fonte retentora, descontará e recolherá, nos prazos da Lei, os tributos a que esteja obrigada pela legislação vigente.

CLÁUSULA TERCEIRA: PRAZOS

1º - O início da prestação do serviço será contado a partir do dia do pagamento, de acordo com o plano escolhido e mencionado na hora do aceite desse contrato; essa assinatura terá a duração de 6 meses contados a partir do aceite desse contrato, com renovação automática, ou, seu cancelamento com o aviso prévio no último mês do contrato.

2º - O CONTRATADO deverá cumprir os prazos de publicações que serão de acordo com o plano escolhido, quantidade e postagens por dia em horário comercial de segunda-feira a sexta-feira.

3º - O CONTRATANTE deverá respeitar a quantidade de postagens semanal de acordo com o plano escolhido, sendo total responsável por pedidos extras, e deverá pagar o equivalente a R$ 65,00 reais (sessenta e cinco reais) por arte a parte do seu plano.

4º - O CONTRATANTE após a escolha de seu plano, poderá migrar apenas 1 única vez para outro plano.

5º - O CONTRATANTE deverá respeitar, a formatação e troca de suas respectivas artes, o mesmo poderá pedir sem custos, as alterações gráficas em até 2 vezes, por mudanças de temas, textos, imagens e enredo ao todo; acima dessas quantidades serão cobrados os percentuais de 15,00 reais (quinze reais) por alteração solicitada.

CLÁUSULA QUARTA: VALORES E FORMAS DE PAGAMENTO:

1º - Pelos serviços prestados, a CONTRATANTE pagará ao CONTRATADO o valor do plano escolhido, que será cobrado automaticamente por boleto bancário com o vencimento sempre na mesma data no qual foi o primeiro pagamento .

2º - Em qualquer caso de rescisão contratual, não ocorrerá a devolução de qualquer valor pelo CONTRATADO.

3º - O não pagamento do serviço prestado, até a data do vencimento, sujeitará à CONTRATANTE, imediata e independentemente de notificação ou interpelação judicial ou extrajudicial:

OBS.: A CONTRATANTE deverá estar ciente de que o CONTRATADO somente realizará os itens desejados pelo mesmo, que constarem no contrato ou no briefing. Qualquer pedido adicional será cobrado separadamente do documento, mediante a prévia autorização da CONTRATANTE.

CLÁUSULA QUINTA: RESCISÃO DE CONTRATO

1º - O CONTRATANTE poderá cancelar sua assinatura em qualquer momento, nesse caso, será aplicado a multa de 50% sobre o valor da próxima fatura; se o CONTRATANTE avisar com 1 mês de antecedência, não será cobrado multa de cancelamento. Nesse caso se aplica também ao CONTRATADO.

2º - O presente Contrato poderá ser rescindido por extinção de qualquer das partes, decretação de concordata ou falência; decurso natural do prazo.

CLÁUSULA SEXTA: DISPOSIÇÕES GERAIS

1. Ficam assegurados ao CONTRATADO todos os direitos autorais relativos ao projeto, sem que à CONTRATANTE caiba qualquer direito neste sentido, mesmo em caso de rescisão do presente instrumento e com a total liberação do CONTRATADO publicar em seus meios de divulgação pessoal tais como Mídias Sociais, sites e Portfólio;

2. O CONTRATADO poderá transferir ou delegar as atribuições e responsabilidades que assume por força deste contrato a terceiros sob sua responsabilidade;

3. A CONTRATANTE fica isenta de toda e qualquer responsabilidade pelo não cumprimento pelo CONTRATADO de determinações administrativas e/ou legais relativas a execução do objeto do presente instrumento;

4. Os signatários do presente contrato asseguram e afirmam que são os representantes legais competentes para assumir em nome das partes as obrigações descritas neste contrato e representar de forma efetiva seus interesses.

5. As partes são contratantes totalmente independentes, sendo cada uma inteiramente responsável por seus atos, obrigações e conteúdo das informações prestadas, em toda e qualquer circunstância, visto que o presente instrumento não cria vínculo

empregatício e nem de representação comercial entre elas, e nenhuma delas poderá declarar que possui qualquer autoridade para assumir ou criar qualquer obrigação, expressa ou implícita, em nome da outra, e nem representá-la sob nenhum pretexto e em nenhuma situação;

6. O não exercício por qualquer das partes de direitos ou faculdades que lhe assistam em decorrência do presente contrato, ou a tolerância com o atraso no cumprimento das obrigações da outra parte, não afetará aqueles direitos ou faculdades, os quais poderão ser exercidos a qualquer tempo, a exclusivo critério do interessado, não alterando as condições neste instrumento estipuladas;

7. A impossibilidade de prestação do serviço causada por incorreção em informação fornecida pela CONTRATANTE ou por omissão no provimento de informação essencial à prestação, não caracterizará descumprimento de obrigação contratual isentando-o de toda e qualquer responsabilidade, ao tempo em que configurará o não cumprimento de obrigação por parte da CONTRATANTE.

8.Fica eleito o foro da Cidade de _____, para decidir qualquer litígio decorrente do presente instrumento.

1. Aplicam-se ao presente contrato, naquilo que couber, as disposições da Lei 4680/65, dos Decretos nº 57.690/66, com as alterações introduzidas pelo 4563/02, da Lei 9.610/98 (Lei de Direitos Autorais), as Normas Padrão da Atividade Publicitária e do Código de Ética dos Profissionais de Marketing e Propaganda.

2. Justo e acordado o presente instrumento de documentação, a CONTRATADA aceita o presente instrumento com o preenchimento abaixo com os seus dados pessoais.

Práticas de Precificação

A precificação é um processo importante para qualquer profissional de social media que deseja oferecer seus serviços a clientes. Ao definir um preço justo, você pode garantir que será capaz de gerar lucro e, ao mesmo tempo, ser competitivo no mercado.

Mas antes de definir um preço, você precisa considerar seus custos operacionais.

Quais são esses custos operacionais:
- Computador ou Laptop;
- Softwares;
- Assinaturas de aplicativos (edição de vídeos, imagens entre outros);
- Internet;
- Energia;

Além dos seus custos, existem várias práticas que você pode seguir para precificar seus serviços de social media. Aqui estão algumas dicas:
- Levante o mercado. Pesquise os preços praticados por outros profissionais de social media em sua cidade e região. Isso o ajudará a definir um preço competitivo, assim ficará dentro do valor de mercado sem se expor com valores abaixo da normalidade.
- Considere o valor de seus serviços. Pense no valor que seus serviços podem trazer de retorno para seus clientes. Isso inclui o aumento do tráfego, da visibilidade e do retorno em vendas.
- Seja flexível. Você pode oferecer descontos, combos ou pacotes de serviços totalmente personalizados para atender às necessidades específicas de seus clientes. A maioria das pessoas tem preferência por pacotes.
- Preço por hora: Esta é a estratégia mais comum. Você define um preço por hora trabalhada e cobrar

seus clientes de acordo com o tempo que você gasta em seus projetos.

- Preço por projeto: Esta estratégia é adequada para projetos grandes e específicos, como a criação de uma campanha de marketing social. Você define um preço fixo para o projeto e cobra seus clientes de acordo com o trabalho realizado.
- Preço mensal: Esta estratégia é adequada para clientes que precisam de um serviço mensal de gerenciamento de redes sociais.

A melhor estratégia de precificação para você dependerá de vários fatores, incluindo seu nível de experiência, o tipo de serviços que você oferece e o seu mercado-alvo.

Aqui estão algumas dicas adicionais para precificar seus serviços de social media:

- Esteja preparado para negociar. É comum que os clientes negociem os preços. Esteja preparado para negociar e esteja disposto a ceder um pouco para fechar o negócio.
- Atualize seus preços regularmente. Os custos operacionais e os preços praticados pelo mercado podem mudar com o tempo. É importante atualizar seus preços regularmente para garantir que você esteja cobrando um valor justo.
- Ofereça um valor agregado. Além dos serviços de social media, você pode oferecer serviços adicionais, como consultoria ou treinamento. Isso pode ajudá-lo a justificar um preço mais alto.

Colocando em Prática

Estamos nos aproximando do fim do curso, e chegou o momento de aplicar os conhecimentos adquiridos. Nesta seção, realizaremos uma simulação na qual você poderá aplicar as habilidades aprendidas de forma real, criando um perfil fictício nas redes sociais e seguindo o passo a passo.

Detalhes da Cliente:

A cliente é uma mulher que possui uma loja de maquiagens e cosméticos especializada em produtos para o rosto. A loja está localizada no centro da cidade e já possui uma página nas redes sociais. A cliente deseja aumentar a visibilidade da loja e atrair novos clientes. Ela entrou em contato com você para contratar seus serviços de gerenciamento de redes sociais. Plano de contratação 6 meses.

Etapas iniciais:

Agora que temos um conhecimento básico do cliente, nossa próxima prioridade é reunir mais informações. Como o cliente já assinou o contrato, os passos iniciais são os seguintes:

Solicite ao cliente o preenchimento do formulário de briefing e enfatize a necessidade de máximo detalhamento.
Solicite fotos, imagens de produtos e o logotipo do cliente.
Solicite acesso às contas de mídia social do cliente.
Com o formulário de briefing preenchido e o acesso às contas de mídia social concedido, é hora de planejar nossos próximos passos. Certifique-se de manter a cliente informada sobre cada passo dado, o que ajudará a mantê-la tranquila e menos ansiosa.

Saiba que antes de iniciar um novo projeto, a fase do planejamento deverá ser muito bem executado para que os resultados realmente apareçam com o tempo.

Planejamento:

Os principais interesses do cliente são "aumentar a visibilidade e a clientela".

Com isso em mente, vamos nos concentrar nas respostas do formulário de briefing e analisar as contas nas redes sociais. Durante esta análise, salve todos os dados iniciais e faça capturas de tela para futuras comparações de desempenho.

Inicialmente, vamos examinar as interações em cada postagem, com o objetivo de identificar as publicações com maior e menor engajamento. Esses dados são úteis para compreender as preferências e comportamento da audiência.

Posteriormente, iniciaremos o processo de Benchmarking, analisando primeiramente os concorrentes indiretos e, posteriormente, os diretos. Vamos estudar o posicionamento, interação dos usuários e formatos de publicação, comparando-os com as publicações atuais da cliente.

Perfil atual da cliente
Base: Instagram

- Quantidade de seguidores: 345
- Média de curtidas por postagem: 8/12
- Média de comentários por postagem: 2/3
- Posta no feed a cada 3x por semana
- Não faz reels
- Postagem nos stories: 1x por dia

Biografia:

Loja Lu Make
Maquiagens com qualidade
Preços acessíveis
Rua Marajó 75

63

Por fim, vamos realizar uma análise do público-alvo com o intuito de conhecer seus perfis e preferências para melhor direcionar as publicações.

Público-alvo:
- Gênero Feminino
- Idade 19 à 36 anos
- Moradoras da cidade
- Classe social B e C
- interesse comum musicas pop

Agora com todos esses dados é hora de iniciar as estratégias e ações de marketing.

Vamos mudar a biografia, vamos colocar uma biografia mais chamativa com linktree, vamos verificar a logo se está nítida e se necessário trocamos.

Para as publicações vamos traçar a estratégia de funil de conteúdo.

1. Topo do Funil

Etapa inicial, o consumidor ainda busca por informações para resolver os seus problemas, o grande volume de clientes é muito importante neste primeiro momento.

Ex: Criar postagem divulgando informações atrativas como dicas de beleza, dicas de produtos para cada tipo de pele, falar sobre a loja e o que tem nela. O conteúdo deve ser sutil e inspirador.

Uma maquiagem impecável começa com a escolha certa do pincel para aplicar a base. 🖌️💄

Hoje temos várias opções no mercado, mas tem um que se encaixa em qualquer ocasião, é o Pincel Kabuki. Este pincel tem cerdas densas, macias e arredondadas, ideal para aplicar bases. Ele oferece uma cobertura uniforme e ajuda a misturar a base de maneira eficaz.

Lembre-se: Escolher o pincel certo faz toda a diferença. ❤️🧡

Qual é o seu pincel de base favorito? Compartilhe nos comentários! ✨

#MaquiagemPerfeita #PincelDeBase #Beleza

Qual o melhor pincel para base?

Para o topo do funil, nosso foco deve ser atrair visitas para o perfil e conquistar novos seguidores. Sendo assim, precisaremos ter vários posts no topo do funil, pois um ou dois não serão suficientes. Também investiremos em conteúdo carrossel misturado com reels. As postagens diárias de histórias ajudarão a estabelecer uma conexão mais pessoal com o público, apresentando novos produtos e exibindo pequenos vídeos do interior da loja.

O Reels seguirá o mesmo estilo das postagens, mas em formato de vídeo, compartilhando dicas de produtos, discutindo cuidados com a pele, tons de batom e combinações de sombra e batom. Também é uma boa ideia apresentar um vídeo sobre aplicação dos produtos e ou auto-maquiagem, o que promoverá o engajamento e gerará novos leads.

2. Meio de funil:

Para o meio do funil, o consumidor já está ciente dos seus problemas e foi exposto a diversos tipos de conteúdo, gerando engajamento via curtidas e comentários e aumentando o número de seguidores. Nesta fase, nosso conteúdo deverá demonstrar, de forma prática, como nosso negócio pode ajudar potenciais clientes a resolver seus problemas do dia a dia. O público principal deste conteúdo são leads que já estabelecem relacionamento com a empresa há muito tempo. Este conteúdo deve levar à decisão de testar ou comprar o produto, apresentando recomendações e benefícios do produto e incluindo uma frase de chamariz de call-to-action (CTA). Embora esse conteúdo seja mais focado em vendas, ele ainda agrega valor aos leads, fornecendo informações detalhadas sobre o assunto no qual procuram.

Tipo de CTAs:

- Chame agora no direct
- Esta oferta é válida somente hoje
- Últimas unidades

Karla Costa

já marque aquela amiga que vai amar esse super produtinho ☆
Com alto poder de hidratação a Jelly Mask Cherry Blossom é enriquecida com blend de aminoácidos que dão vitalidade e luminosidade.
☆ Possui Ácido Hialurônico que garante hidratação intensa e prolongada e pode ser usado por todos os tipos de pele!

Corra agora e chame no direct ou no whats, compre já!
#beleza #acidohialuronico #mascarafacial

Durante as etapas de topo e meio de funil, podem surgir vários comentários, afinal esse é o objetivo.

Interagir com leads nas redes sociais é uma parte crucial do processo de conversão e relacionamento com o cliente. Aqui estão algumas estratégias para interagir efetivamente com leads nas redes sociais:

1. Responda prontamente: Quando os leads comentam em suas postagens, enviam mensagens diretas ou fazem perguntas, é importante responder o mais rapidamente possível. A prontidão na resposta mostra que você valoriza o interesse deles.

2. Seja pessoal: Aborde os leads pelo nome sempre que possível e evite respostas automáticas genéricas. Demonstrar que você está disposto a construir um relacionamento genuíno pode ser muito impactante.

3. Forneça informações relevantes: Responda às perguntas e preocupações dos leads de forma clara e informativa. Ofereça informações relevantes que ajudem a esclarecer dúvidas ou resolver problemas.

4. Mostre gratidão: Sempre agradeça aos leads por seu interesse e engajamento com a marca.

Lembre-se de que a chave para interagir com leads nas redes sociais é construir relacionamentos, isso não apenas ajuda na conversão, mas também na retenção de clientes a longo prazo.

3. Fundo de Funil

O Fundo de Funil é o estágio final do processo de venda, quando o Lead está próximo de se tornar um cliente, pronto para a compra. Os Leads que chegam a esse estágio são extremamente importantes para a conversão em vendas diretas.

No final de funil de conteúdo para as redes sociais, o objetivo é converter seus seguidores em clientes ou incentivá-los a tomar uma ação específica. Isso geralmente envolve conteúdo que é altamente direcionado e focado em conversão. Aqui está um exemplo de uma postagem de final de funil para as redes sociais:

a #oferta que a gente ama! 2 produtinhos por apenas R$ 49 é só Aqui 💜
Vem logo garantir os seus 😍 tá esperando o quê? corre pra loja ou chame no direct e whats 💜

*válido em produtos selecionados e enquanto durar o estoque.

#promo #maquiagem #make #maquiagem #beleza #acidohialuronico #mascarafacial

✨ FRETE GRÁTIS ✨ nas compras a partir de R$29,90 ♥ o mimo que faltava para você renovar sua nécessaire, flor! Corre pro direct pra conferir nossos queridinhos do momento.

*válido até às 18h de hoje 15/09/23.

#fretegratis #maquiagem #makeup #promoção #desconto #promo #maquiagem

Após o longo período de postagens estratégicas, chegou a hora de medir os resultados para verificar se as metas foram alcançadas e traçar novos objetivos com a cliente.

Busque todas as informações e dados, faça um relatório bem elaborado e explicativo e realize uma reunião com a cliente para a entrega e explicação dos resultados.

Normalmente a reunião é via vídeo chamada e você pode mostrar dados anteriores de você iniciar e posterior.

Perfil anterior

Base: Instagram

- Quantidade de seguidores: 345
- Média de curtidas por postagem: 8/12
- Média de comentários por postagem: 2/3
- Posta no feed a cada 3x por semana
- Não faz reels
- Postagem nos stories: 1x por dia

Biografia:

Loja Lu Make
Maquiagens com qualidade
Produtos baratos
Rua Marajó 75

Perfil atual

Base: Instagram

- Quantidade de seguidores: 1678
- Média de curtidas por postagem: 26/42
- Média de comentários por postagem: 7/15
- Posta no feed a cada 5x por semana
- Reels 2x por semana
- Postagem nos stories: 3x por dia

Biografia:
Loja LU MakeUP
💄 Tudo em Make e skincare
📍 Rua Marajó 75
⬇ COMPRE AGORA ⬇
link/whatsapp

Considerações finais

As redes sociais representam uma ferramenta poderosa capaz de alcançar um público amplo e engajado, e o profissional de social media é atualmente um dos mais bem remunerados, já que um especialista em gerar lucro para as empresas é tão cobiçado quanto uma pepita de ouro.

Neste livro vimos todos os aspectos essenciais da profissão de social media, incluindo táticas de marketing, público-alvo e persona, e, principalmente, como criar conteúdo relevante que gera resultados.

Mas, lembre-se, o campo das mídias sociais está em constante evolução. À medida que novas plataformas surgem e as tendências mudam, a demanda por profissionais de social media qualificados só aumenta. Portanto, é crucial que você continue aprimorando suas habilidades e mantenha-se atualizado com as últimas inovações no mundo digital.

Como social media, você está em uma posição única para impactar positivamente a presença online de uma empresa, seja ela grande ou pequena. Você é responsável por criar conexões significativas entre a marca e seu público, construir comunidades online e impulsionar o crescimento dos negócios. Portanto, nunca subestime o valor do seu trabalho.

À medida que você avança em sua carreira, lembre-se de que o sucesso na profissão de social media não é apenas medido pelo número de seguidores, curtidas ou compartilhamentos. É sobre o impacto que você gera, as relações que constrói e a forma como ajuda as empresas a atingirem seus objetivos. À medida que você coloca em prática o conhecimento adquirido neste livro, saiba que está desempenhando um papel fundamental no cenário em constante transformação das mídias sociais.

No entanto, uma coisa permanece constante: o entusiasmo e a dedicação à sua profissão podem levar você a conquistar grandes conquistas. Aproveite o que você aprendeu aqui, continue se aprimorando e continue a explorar o vasto e emocionante mundo das mídias sociais. Lembre-se que todos os anos chegam mudanças nas plataformas e você precisa sempre estar atualizado.

Seja o arquiteto da mudança, e você verá que seu trabalho é realmente tão valioso quanto uma pepita de ouro no mundo digital e que o valor do seu trabalho vai chegar facilmente aos 10k por mês sem preocupações e com total liberdade de horário.

Não hesite em experimentar, errar e aprender com seus erros. O crescimento muitas vezes vem da tentativa e da persistência.

Agradeço por escolher este livro de Social Media. Se você tiver dúvidas, feedback ou precisar de orientações adicionais, não hesite em entrar em contato. Sua jornada está apenas começando, e estou ansiosa para ouvir sobre seu sucesso e conquistas no mundo das redes sociais.

Desejo todo o sucesso em sua carreira de Social Media!

Respostas:

- **Qual rede social é a preferência entre os Baby boomers?**

O facebook é a rede social mais utilizada pelos baby boomers, segundo estudos, os idosos tem mais facilidade em utilizar essa plataforma e tem certa resistência em aprender a usar outra.

- **Tenho uma empresa B2B qual rede social é mais indicada?**

As empresas no seguimento B2B devem considerar em estar muito presente ao Linkedin, pois essa plataforma conta com milhares de empresas presente nela e com isso, pode gerar autoridade no seguimento, novas conexões e possíveis contratos fechados.

- **Qual rede social a geração y e z está mais presente?**

Essa geração está muito ativo no Instagram e TikTok, gostam de postar fotos e imagens, compartilhar seu dia a dia e seguir influencers e famosos.

- **Estou Abrindo uma loja de Roupas femininas, qual rede social preciso fortalecer a presença da minha marca?**

As principais redes sociais são facebook e instagram mas também podemos criar um bom posicionamento no tiktok. Quando o assunto é vendas direta, estar em todas as plataformas valem super a pena, o trabalho será maior mas o posicionamento da marca será fortalecida gerando uma sensação de necessidade e por consequência as vendas

Siga-me nas redes sociais

 @instadakarlaa

 @tiktokdakarla

Set, 2023　　　　　　　#socialmedia

Por
KARLA COSTA